# La comida como cultura

# La comida como cultura

Massimo Montanari

EDICIONES TREA, S. L.

Título original: *Il cibo come cultura*, de Massimo Montanari

LA COMIDA DE LA VIDA [13]



© de esta edición:
EDICIONES TREA, S. L.
María González la Pondala, 98, nave D
33393 Somonte-Cenero. Gijón (Asturias)
Tel.: 985.303.801. Fax: 985.303.712
trea@trea.es | www.trea.es

Dirección editorial: Álvaro Díaz Huici
Director de colección: Juan Luis Suárez Granda
Producción: José Antonio Martín
Corrección: Pablo García Guerrero
Cubiertas y diseño: Marina Lobo
Impresión: Gráficas Apel

Depósito legal: As. 1244-2006
ISBN: 84-9704-237-9

Impreso en España – Printed in Spain

# Índice

# Prólogo

La idea de *comida* se asocia gustosamente a la de *naturaleza*, pero el nexo es ambiguo y fundamentalmente impropio. En la experiencia humana, de hecho, los valores esenciales del sistema alimenticio no se definen en términos de naturalidad, sino como resultado y representación de procesos culturales que prevén la domesticación, la transformación y la reinterpretación de la naturaleza. Los médicos y filósofos antiguos, comenzando por Hipócrates, definieron la comida como «res non naturalis»,[1] incluyéndola entre los factores de la vida que no pertenecen al orden natural de las cosas sino al artificial. Es decir, perteneciente a la cultura que el hombre mismo construye y gestiona.

Esta connotación acompaña a la comida a lo largo de todo el recorrido que la conduce a la boca del hombre. La comida es cultura *cuando se produce*, porque el hombre no utiliza solo lo que se encuentra en la naturaleza (como hacen todas las demás especies animales), sino que ambiciona crear su propia comida, superponiendo la actividad de producción a la de captura. La comida es cultura *cuando se prepara*, porque, una vez adquiridos los productos básicos de su alimentación, el hombre los transforma mediante el uso del fuego y una elaborada tecnología que se expresa en la práctica de la cocina. La comida es cultura *cuando se consume*, porque el hombre, aun pudiendo comer de todo, o quizá justo por ese motivo, en realidad no come de todo, sino que elige su propia comida con criterios ligados ya sea a la dimensión económica y nutritiva del gesto, ya sea a valores simbólicos de la

[1] En latín, «cosa no natural». (N. de la T.)

misma comida. De este modo, la comida se configura como un elemento decisivo de la identidad humana y como uno de los instrumentos más eficaces para comunicarla.

Las consideraciones que propongo en estas páginas son el fruto de investigaciones y reflexiones nacidas de mi competencia específica en el ámbito de la historia medieval pero desarrolladas libremente, saltándome los límites cronológicos y disciplinares en territorios que conozco solo de manera marginal, más como turista que como habitante. De hecho, hace tiempo que me gusta enfrentarme a las cuestiones clásicas de la discusión antropológica y sociológica, que siento como instrumentos indispensables para comprender temas que me interesan profundamente.

No excluyo (es más, estoy seguro de ello) haber incurrido en imprecisiones e ingenuidad: el mismo concepto de *cultura*, que he utilizado en un sentido amplio y comprensivo, se habría podido discutir en términos más problemáticos. Me he conformado con un acercamiento ligero, limitándome a recrear dentro de nuevos esquemas interpretativos las cosas que he estudiado y meditado durante estos años. No espero haber contribuido a la discusión teórica sobre el sentido de la cultura y de las identidades culturales en la experiencia humana. Estoy seguro de que muchas sugerencias ajenas a mi profesión han iluminado mejor aspectos importantes que las historias que he querido contar.

# Construir la propia comida

## NATURALEZA Y CULTURA

*E l'uomo creò le sue piante e i suoi animali*,[2] así se titula un libro de Edward Hyams dedicado a la invención de la agricultura y de las prácticas de domesticación. Si a las primeras sociedades de cazadores-recolectores les bastaba el aprovechamiento de los recursos naturales, con el crecimiento de la población y la necesidad de abastecerse de mayores cantidades de comida nacieron poco a poco sociedades diferentes, dedicadas a la agricultura y al pastoreo, que producían su propia comida seleccionando los recursos disponibles e interviniendo de manera más activa en la definición de los equilibrios ambientales. Este paso de la economía depredadora a la economía de producción representó un cambio decisivo en la relación entre los hombres y el territorio, así como en la cultura de los hombres. Sin embargo, no impidió que sobreviviesen formas mixtas de aprovisionamiento alimenticio, que duraron milenios incluso después de la introducción de las prácticas agrícolas en la época neolítica. Los dos modelos constituyeron incluso en época histórica dos maneras diferentes de entender la relación entre hombre y ambiente, polos extremos de una dialéctica de múltiples implicaciones materiales y simbólicas que, de algún modo, ha llegado hasta nuestros días.

La óptica en la que nos movemos hoy en día puede despistarnos: el hombre de la civilización industrial o posindustrial está tentado de reconocer una «naturalidad» fundamental en la acti-

[2] «Y el hombre creó sus plantas y sus animales.» (N. de la T.)

vidad agrícola, que respecto a nuestra experiencia consideramos como tradicional y por eso tendemos a considerarla como originaria y arcaica. Respecto a la evolución productiva inducida por la irrupción de la industria en la época contemporánea, esto podría justificarse; sin embargo, la invención de la agricultura fue percibida por las culturas antiguas exactamente al contrario. La perspectiva mental de los antiguos situó la agricultura como el momento de la ruptura y la innovación, como el salto decisivo que forma al hombre civilizado separándolo de la naturaleza, es decir, del mundo de los animales y de los «hombres salvajes» (personajes enigmáticos que volverán frecuentemente a las leyendas y las tradiciones populares a lo largo de toda la época histórica y hasta nuestros días). El hecho es que la domesticación de las plantas y de los animales permite de alguna manera al hombre poseer el mundo natural, alejarse de la relación de total dependencia en la que siempre había vivido (o, más bien, en la que siempre pensaba haber vivido, porque incluso el aprovechamiento del territorio a través de las actividades de caza y recolección requiere una habilidad, un conocimiento, una «cultura»). Esta ruptura se representa de modo ejemplar en la mitología de muchos pueblos que se convirtieron en agricultores sedentarios. En las leyendas, en los cuentos, en los mitos de fundación, estos representaron la invención de la agricultura como un gesto de violencia hecho a la Madre Tierra, herida por el arado, trastornada por la irrigación y por los trabajos agrarios: de ahí los rituales de fecundidad, que tenían también el objetivo, explícito o implícito, de expiar una falta cometida.

La agresividad de este gesto se confirma en el plano histórico por el carácter tan expansivo de las sociedades agrícolas, que tienden a instaurar mecanismos de crecimiento demográfico desconocidos para los pueblos de cazadores y recolectores. Estos últimos (como demuestran los estudios etnográficos realizados en grupos supervivientes de este tipo, por ejemplo los pigmeos africanos) observan un riguroso régimen de control de los nacimientos, dirigido a mantener estable la consistencia de la población, que en caso de crecimiento no podría sobrevivir con ese tipo de economía. Los pueblos agricultores, al contrario, desarrollan con el sedentarismo una tendencia al crecimiento y a la conquista de nuevos espacios para cultivar. Por eso los estudios más recientes consideran probable que la difusión de la agricultura en la tierra no haya sucedido en varios lugares simultáneamente, sino que sea fruto (como demuestran los restos arqueológicos, lingüísticos y genéticos) de la expansión de grupos humanos a partir de un núcleo territorial bien definido, situado en los altiplanos de Oriente Medio, la llamada *media luna fértil*. Allí nació la agricultura hace aproximadamente diez mil años, y fue conquistando poco a poco los territorios de Asia centrooriental (hace nueve mil años) y de América, unida entonces a Asia en el punto del actual estrecho de Bering (hace ocho mil años). Europa fue colonizada en dirección opuesta (entre ocho mil y seis mil años atrás). Casi todos los estudiosos están de acuerdo en la razón: el nacimiento de la agricultura debió de ser, fundamentalmente, una cuestión de necesidad, ligada al crecimiento demográfico y al hecho de que la economía de caza y recolección ya no era suficiente, quizá debido a cambios climáticos y ambientales que habían desertizado las zonas forestales. Más tarde el mecanismo demográfico empezó a crecer sobre sí mismo.

Fueron seleccionadas las plantas más productivas y nutritivas, pero sobre todo se prestó atención a los cereales. Cada parte del mundo tuvo el cereal de su elección: el trigo se difundió en la región mediterránea, el sorgo en el continente africano, el arroz en Asia y el maíz en América. En torno a estas plantas —auténticas «plantas de civilización», como las ha definido muy acertadamente el historiador francés Fernand Braudel— se organizó la vida de aquellas sociedades: relaciones económicas, formas de poder político, imaginario cultural, rituales religiosos (encaminados a propiciar la fertilidad y la abundancia de alimentos). La misma creación de la ciudad, considerada por los antiguos como lugar por excelencia de la evolución civil (como muestra la coincidencia semántica, en latín, entre *civitas* y *civilitas*, «ciudad» y «civilización»), no sería concebible sin el desarrollo de la agricultura, ya sea en el plano material (acumulación de bienes, riqueza, tecnología), ya sea en el plano mental (la idea de que el hombre se convierte en dueño de sí mismo y se aleja de la naturaleza construyéndose un espacio propio en el que vivir). En este proceso de evolución las sociedades humanas no se adaptaron simplemente a las condiciones impuestas por el ambiente. Algunas veces incluso las modificaron de manera profunda, introduciendo cultivos fuera de sus áreas originarias y transformando el paisaje en función de los mismos. Basta pensar en el cultivo de arroz de Asia nororiental o en la viticultura de Europa centroseptentrional —una auténtica apuesta tecnológica contra las condiciones ambientales que comenzó en la Edad Media y prosiguió en la Edad Moderna.

En este contexto cultural las primeras sociedades, todavía muy enraizadas en los ritmos naturales y en el ciclo de las estaciones, elaboran la idea de un «hombre civil» que construye artificialmente su propia comida: una comida que no existe en la naturaleza y que sirve para señalar la diferencia entre hombres y animales. En el área mediterránea —el área del trigo— es el pan el que desempeña esta fundamental función simbólica además de nutritiva: el pan no existe en la naturaleza y solo los hombres saben hacerlo, para lo que han elaborado una sofisticada tecnología que prevé (desde el cultivo del grano hasta la preparación final) una serie de operaciones complejas, fruto de largas experiencias y reflexiones. Por ello el pan simboliza la salida del estado animal y la conquista de la «civilización». En los poemas homéricos, la *Ilíada* y la *Odisea*, la expresión *comedores de pan* es sinónimo de *hombres*. Del mismo modo, en la epopeya de Gilgamesh —el primer texto literario conocido, escrito en Mesopotamia hace unos cuatro mil años— se cuenta que el hombre salvaje salió de su estado de menoría solo en el momento en el que tomó conciencia de la existencia del pan. Fue una mujer la que se lo dio a conocer, en concreto una prostituta; de este modo, se atribuye a la figura femenina el papel de guardiana del saber alimenticio, además de la sexualidad, lo que, por otra parte, parece corresponderse con la realidad histórica: los estudiosos están de acuerdo en admitir una prioridad femenina en la obra de observación y selección de las plantas que acompañaron el nacimiento de la agricultura en las primeras aldeas. La misma importancia simbólica revisten el vino y la cerveza, bebidas fermentadas que, como el pan, no existen en la naturaleza, pero representan el resultado de un saber y una tecnología compleja: el hombre ha aprendido a dominar los procesos naturales dirigiéndolos a su propio beneficio.

Lo que llamamos *cultura* se encuentra en el punto de intersección entre la tradición y la innovación. Es tradición cuando está constituida por los conocimientos, las técnicas y los valores que nos han sido transmitidos. Es innovación cuando estos conocimientos, técnicas y valores modifican la posición del hombre en el contexto ambiental y le dan la capacidad de experimentar nuevas realidades. Podríamos definir la tradición como una innovación bien lograda. La cultura es la interfaz entre las dos perspectivas.

## TAMBIÉN LA NATURALEZA ES CULTURA

En el desarrollo histórico de las sociedades humanas, la economía «doméstica» basada en la agricultura y el pastoreo se contrapone a la economía «salvaje» de apropiación de la comida: criar animales o cazarlos, cultivar los frutos o recogerlos en su estado salvaje. Desde este punto de vista, la contraposición entre los dos modelos alimenticios atraviesa ambos sectores del reino animal y vegetal. Pero una segunda oposición, paralela a la primera, es aquella que surge entre sedentarismo y nomadismo. Y desde este punto de vista la perspectiva cambia, porque el pastoreo y la caza, siendo ambos practicados en los espacios incultos y boscosos, acaban por acercarse como tipología económica (y, por así decir, ecológica), oponiéndose a la imagen sedentaria del cultivo agrícola. En este sentido, la dialéctica cultivo-selva, que materializa el contraste cultura-naturaleza, tiende a oponer plantas y animales, productos vegetales y cárnicos (u obtenidos de los animales, como los lácteos). En las sociedades agrícolas y sedentarias los principales mitos de fertilidad y los rituales que los acompañan tienen como protagonistas a los cereales y el ciclo de las estaciones. Se recuerda la historia de Perséfone, hija de Deméter, diosa de la tierra y de la agricultura, raptada por Hades, el dios de los infiernos, y restituida a su madre con la condición de volver eternamente sobre la tierra durante una tercera parte del año: una historia de carácter evidentemente propiciatorio, en la que se representa el episodio de la semilla de trigo, enterrada durante la estación fría para que renazca con la vuelta de la primavera, lo que asegura la comida a los hombres con el crecimiento de la vegetación. En otras civilizaciones encontramos otras plantas que tienen la misma función: el arroz es protagonista de muchas leyendas y cuentos asiáticos, mientras la mitología de los antiguos pueblos de América se centra sobre todo en el maíz (según una leyenda maya, los dioses crearon y modelaron a los hombres con harina de maíz: lo que es como decir que sin el maíz no habría hombres). Incluso en las sociedades de cazadores y pastores aparecieron mitos y ritos de idéntico significado propiciatorio, que sin embargo tienen como protagonistas a los animales: por ejemplo, entre los pueblos cazadores de Europa y Asia existía la costumbre de recoger los huesos de los animales cazados (osos, renos, ciervos) evitando que se rompiesen o perdiesen; más tarde se enterraban junto a la piel, pues se consideraba que, si permanecían intactos, el alma volvería pronto a los huesos del animal haciéndolo renacer. El mito de la prodigiosa regeneración de los animales está presente incluso en las leyendas germánicas, donde encontramos al Gran Cerdo (antagonista virtual de la gran Madre Tierra), que basta para nutrir a todos los héroes muertos en batalla de la corte de Odino, porque «cada día es hervido y distribuido para la comida, y por la noche está de nuevo entero» —así lo cuenta *Eda*, el poema escandinavo más antiguo, escrito en la Edad Media pero que expresa una cultura mucho más antigua, transmitida oralmente.

Estos ejemplos enseñan que la contraposición entre cultura y naturaleza es en gran media ficticia. El hombre civil se autorrepresenta fuera de la naturaleza, pero la misma naturaleza se convierte, según la experiencia histórica, en un modelo cultural consciente, una elección intelectual alternativa a la de la cultura. Esto no es válido solo para las épocas lejanas, que produjeron mitos y ritos apenas considerados, sino incluso para la época histórica reciente: en la Edad Media europea la dinámica salvaje/doméstico alimenta un debate continuo sobre los modos de producción y el tipo de vida que estos conllevan. En particular, es muy acentuada la contraposición entre el modelo de vida de la tradición griega y romana, fundado en la agricultura, y el modelo germánico, basado en el aprovechamiento del bosque (recolección, caza, pastoreo). Pero justamente en la Edad Media la relación entre aquellos dos modelos alimenticios comienza a cambiar. Hasta entonces habían sido el símbolo de dos civilizaciones diferentes, una de las cuales despreciaba a la otra como inferior y «bárbara». Cuando los «bárbaros» irrumpieron en el Imperio y poco a poco se apoderaron de él, tomando las riendas del poder, su cultura (incluso alimenticia) se afirmó y se puso, por así decirlo, de moda, como siempre sucede con las costumbres de los vencedores —el *American way of life* del siglo XX es un ejemplo. Cazar y pastorear en el bosque no se volvieron a considerar costumbres impropias o «incivilizadas», es más, se convirtieron en el eje de una nueva economía. Al mismo tiempo, sin embargo, también la tradición agrícola romana se difundió entre los bárbaros, ya sea por el prestigio que esta tradición conservaba, ya sea por la fe cristiana, que estaba también «de moda» en los primeros siglos de la Edad Media: no por casualidad el cristianismo, nacido en el ámbito cultural mediterráneo, había asumido como propios símbolos litúrgicos como el pan, el vino y el aceite de la tradición griega y latina. Del cruce entre estos dos caminos, que se integraron el uno con el otro, nació durante la Edad Media una cultura alimenticia nueva, que hoy reconocemos como «europea»: esta ponía en el mismo plano el pan y la carne, la actividad agrícola y el aprovechamiento del bosque. Desde aquel momento los dos modelos productivos no fueron ya símbolos de dos diferentes opciones culturales, sino elementos de un mismo sistema de valores basado en la complicidad y el recíproco apoyo de la economía agraria y la economía forestal. Dos modelos de economía que los griegos y los latinos habían contrapuesto como imágenes, respectivamente, de la cultura y de la naturaleza, mientras que en realidad representaban dos expresiones de cultura diferentes, dos maneras diversas de construir la relación entre el hombre y el medio. De este injerto nació un régimen alimenticio caracterizado principalmente por la variedad de los recursos y de los productos consumidos, variedad de la que surge la extraordinaria riqueza del patrimonio alimenticio y gastronómico europeo, que aún hoy es único en el mundo.

La dinámica entre naturaleza y cultura se expresa también en su problemática relación, a veces ambigua, instaurada desde las sociedades tradicionales con el tiempo, es decir, con la estacionalidad de los productos alimenticios, con los ritmos anuales de crecimiento de las plantas y de los animales. Armonizar el ritmo de vida propio con el de la naturaleza ha sido siempre una exigencia primaria de los hombres, que, sin embargo, al mismo tiempo perseguían el objetivo de controlar, modificar y hacer frente a los tiempos naturales. A pesar del romanticismo de ciertas imágenes que describen un equilibrio, una simbiosis perfecta entre hombres y naturaleza en las sociedades tradicionales, la utopía y el proyecto fueron siempre los de un mundo en el que las estaciones no existían y el tiempo era perfectamente controlable porque no estaba sujeto a evoluciones y cambios. El edén, el paraíso terrestre, en la Biblia no conoce estaciones: una eterna primavera permite a los hombres tener siempre alimentos frescos, siempre a mano, siempre iguales a sí mismos. Lo mismo sucede en Jauja, el lugar mágico de la abundancia soñado por el imaginario popular de la Edad Media y Moderna. La ciencia y la técnica (primero en el ámbito de la economía agrícola y después a través de la revolución industrial) han estado siempre al servicio de este proyecto, mediante dos líneas de acción principales: prolongar el tiempo y detenerlo. Las estrategias para alcanzar estos objetivos fueron, respectivamente, la diversificación de las especies y las técnicas de conservación de los alimentos.

El primer objetivo era diversificar las especies para hacerlas producir durante más tiempo a lo largo de todo el año. Los textos agronómicos de todas las épocas han dedicado muchas páginas a esta cuestión. La multiplicación del número de especies cultivadas y los cuidados prestados a la diversificación de sus tiempos de crecimiento pretendían superar, ampliamente, los límites naturales de producción: por ejemplo, se seleccionaban y cultivaban muchas especies de manzanas, peras y otras frutas. Se «estiraba» el tiempo para tener alimentos disponibles a lo largo de un arco de meses a veces casi inconcebible respecto a la experiencia actual. Diferenciar las especies fue, en algunas épocas históricas, una habilidad reconocida de los horticultores especializados: son famosos los experimentos de Jean de la Quintinye, «director de todos los jardines» del rey Luis XIV, autor de una *Instruction pour les jardins fruitiers et potagers*[3] (primera edición de 1690), considerado una obra maestra de la pomología premoderna. De la Quintinye se concentró en particular en las peras, proyectando un huerto con quinientas variedades distintas que en cada momento del año fuesen capaces de presentar ejemplares frescos en la mesa del soberano. Este tipo de atenciones no era nuevo: el *Trattato degli alberi*[4] de Giovanvettorio Soderini, de la segunda mitad del siglo XVI, pasa revista a una gran variedad de especies cultivadas precisando para cada una de ellas cuál es el periodo de producción y su mejor empleo alimenticio.

Incluso los campesinos, a su manera, han seguido este camino: bastaban algunos árboles de diferentes especies, en el huerto o en el campo, para desplazar temporalmente el crecimiento de los frutos. Pero en general los campesinos han buscado siempre, en los límites de lo posible, diferenciar los recursos que tenían a su disposición. Pienso en la cantidad de cereales que se cultivaban en la Alta Edad Media para compensar el poco rendimiento que ofrecían. Cultivar centeno, avena, mijo o espelta, así como trigo y cebada, era un modo de defenderse de las eventuales adversidades climáticas, contra las que la tecnología era impotente. En

[3] *Guía de jardines frutales y huertas*. (N. de la T.)

[4] *Tratado de los árboles*. (N. de la T.)

las sociedades agrícolas que aún existen en el mundo, la diversificación de los recursos es el primer instrumento para garantizar la comida a la población local (mientras que el monocultivo, funcional para la industria alimenticia, es fruto de una colonización económica y política que obedece a otros intereses).

El segundo objetivo es elaborar métodos eficaces de conservación de los productos vegetales y animales, para poder utilizarlos más allá de su ciclo natural de crecimiento. La alimentación campesina, en particular, ha tendido siempre hacia productos y comidas que se podían conservar durante mucho tiempo, sobre todo concentrándose en aquellos, como los cereales y las legumbres, que se podían almacenar durante meses, o incluso años, simplemente conservándolos en lugares secos, elevados o subterráneos. En cuanto a los alimentos perecederos, se han dedicado muchas energías a lo largo de los siglos con el objetivo de elaborar técnicas muy diferentes para mantenerlos en sazón. «La conserva es ansia en estado puro», ha escrito el sociólogo Girolamo Sineri. Pero también es una apuesta sobre el futuro: «¿Quién haría mermeladas si no tuviese la esperanza de vivir al menos el tiempo para poder comerlas?».

Antiguamente se trataba de mantener los alimentos como la naturaleza los producía aislándolos del aire, por ejemplo —aconsejaba Aristóteles— envolviendo las manzanas en una capa de arcilla. Pero el método de conservación más usado fue el secado, practicado al calor del sol (allí donde el clima lo permitía) o bien con el humo (en los países fríos), pero más normalmente (y en todas partes) con la sal, protagonista de primerísimo plano de la historia de la alimentación, ya que, además de dar sabor a los alimentos, tiene la propiedad de secarlos y por tanto de mantenerlos en sazón. Carne, pescado y verduras se han conservado tradicionalmente en sal, lo que constituía la principal garantía de subsistencia de una economía rural que no podía confiarse al mercado cotidiano o al capricho de las estaciones. Por este motivo, podemos pensar en el gusto salado como la característica de la cocina pobre.

Otros procedimientos de conservación fueron aquellos a base de vinagre y aceite (el primero mucho más accesible que el segundo), de miel y de azúcar. Este último, introducido en Europa en la Edad Media, fue durante mucho tiempo privilegio de unos pocos, y solo perdió su carácter elitista a principios del siglo XIX: se creó entonces, durante varios siglos, una contraposición entre gusto dulce y gusto salado como atributos de modelos alimenticios socialmente diferenciados. Sin embargo, en general, todas estas sustancias (la sal y el azúcar o la miel y el vinagre o el aceite) servían para conservar productos solo a costa de «modificar» de manera más o menos radical su gusto original. El mismo principio —manipular y modificar las cualidades naturales de los alimentos— valía para una técnica también muy difundida como la de la fermentación, decisiva desde el punto de vista cultural (y simbólico, si se quiere) por ser la expresión de la capacidad humana de sacar ventaja, controlándolo, de un proceso natural en sí mismo negativo como el de la putrefacción. De esta capacidad nacieron inventos extraordinarios como el queso y otros derivados de la leche, los jamones y otros fiambres que unen la fermentación y la salazón. La fermentación ácida de verduras como la col se utilizó en regiones centroseptentrionales de Europa, en China, Japón y otras regiones del mundo.

Solo el uso del frío (además de las técnicas «selladoras» de las que hablaba Aristóteles) podía permitir formas de conservación más respetuosas con la naturaleza original de los productos. Desde la Antigüedad se ha recogido y utilizado nieve y hielo para este fin, ya sea en estructuras privadas (neveras de las casas patronales o agrícolas), ya sea por iniciativa pública (en París la última nevera común fue construida a mediados del siglo XIX).

La industria del frío, que durante el siglo XIX creó los primeros frigoríficos y más tarde los congeladores, ha marcado un cambio decisivo hacia la posibilidad de conservar los alimentos sin alterar el gusto de base.

Los métodos de conservación de los alimentos, perfeccionados bajo el impulso del hambre, han sobrepasado rápidamente tal dimensión con una especie de transferencia tecnológica que los ha visto aplicados a la alta gastronomía: han nacido así muchas delicatesen destinadas al mercado. Pensemos en el fiambre y en los quesos, o en la gran tradición de las confituras, «productos típicos» que constituyen una parte decisiva de nuestro patrimonio gastronómico. De este modo se revelan los lazos, a veces insospechables, entre el mundo del hambre y el del placer.

El invento no nace solo del lujo y el poder, sino también de la necesidad y la pobreza —y, en el fondo, es esta la fascinación de la historia de los alimentos: descubrir cómo los hombres, con su trabajo y fantasía, han intentado transformar las dentelladas del hambre y el ansia de la penuria en potenciales ocasiones de placer.

## JUGAR CON EL ESPACIO

La lucha por el dominio del espacio es una especie de alternativa (o variante) al juego del tiempo: procurarse el alimento en otros lugares, más o menos lejanos, intentando vencer la servidumbre del territorio además del cambio estacional de los productos. Es una práctica antigua, que fue durante milenios un privilegio social. Como escribe Casiodoro, ministro del rey Teodorico (siglo IV): «Solo el simple ciudadano se contenta con lo que le proporciona el territorio. La mesa del príncipe debe ofrecer de todo y suscitar maravilla solo con mirarla». De esta manera representa y celebra su diversidad.

La acción sobre el espacio y la acción sobre el tiempo se entrecruzan y refuerzan una a otra. Pero con el paso de los siglos la primera tiende a ser más importante que la segunda; el fenómeno es visible ya en la Edad Media, con el crecimiento de las rutas comerciales, y siempre es más evidente con los viajes alrededor del mundo, que se multiplican a principios del siglo XVI. El paso decisivo fue la revolución de los transportes, inducida por la industrialización de los siglos XIX y XX, que permitió resolver en otro lugar los problemas de aprovisionamiento alimenticio, restándoles importancia a las técnicas de diversificación productiva y a las de conservación, o al menos combinándose con ellas con un peso cada vez más significativo. Finalmente, la relación de los hombres con el espacio se ha modificado radicalmente, ampliándose hasta explotar en la lógica de la aldea global. Hoy en día en los países industrializados es posible encontrar productos frescos en cualquier época del año, utilizando el sistema-mundo como área de producción y de distribución. Esto constituye una auténtica revolución, si pensamos en la nueva dimensión planetaria de la economía alimenticia y en la amplitud del cuerpo social involucrado (al menos en los países ricos, los mecanismos del mercado global y la drástica bajada de los costes han alargado, potencialmente, la franja de consumidores a casi la totalidad de la población). En el plano cultural, sin embargo, esta revolución solo es aparente: las necesidades y los deseos que satisface son necesidades y deseos antiguos, aunque en un tiempo se cumplían en espacios más limitados y para un número más reducido de consumidores.

Sobre estos temas reflexionaba de manera inteligente Bartolomeo Stefani, jefe de cocina en la corte de los Gonzaga, en la Mantua del siglo XVII, autor de un importante tratado de cocina que hacía notar cómo los alimentos nunca van, lógicamente, «contra estación». No se asombren, escribía, si «en estos discursos míos ordeno algunas cosas en ciertas ocasiones, como por ejemplo espárragos, alcachofas, guisantes [...] en los meses de enero y febrero, y cosas similares que a primera vista parece que van contra estación. No se asombren si el 27 de noviembre de 1655, en el banquete ofrecido en honor de la reina Cristina de Suecia, de paso por Mantua durante el viaje que la llevaba a Roma, ordené servir como primer plato (¡el 27 de noviembre!) fresas al vino blanco. Italia [hoy diríamos: la tierra] es tan rica en cosas buenas que sería una pena no llevarlas a la mesa de los *gourmets*. Ante tal abundancia [aquí Stefani introduce la lista de especialidades regionales], ¿por qué encerrarse en nuestro pequeño horizonte? ¿Por qué limitarse al pan de la ciudad natal?»; en realidad bastan «buenos corceles y buena bolsa» (en otras palabras: medios de transporte rápidos y disponibilidad monetaria) para encontrar en otros lugares, frescas en cada estación, «todas las cosas que yo propongo».

Buenos corceles y buena bolsa: los buques de mercancías y los camiones que abastecen nuestros supermercados. Haciendo caer, junto a los precios, las imágenes de prestigio que desde siempre han acompañado a los productos exóticos, hoy la distinción se ha trasladado hacia otro lugar: paradójicamente, al durante tanto tiempo denostado «territorio». Ya volveremos sobre esto.

## CONFLICTOS

Y el hombre creó sus plantas y sus animales. Pero aquel hombre históricamente no existe, es una abstracción que se encarna en hombres concretos, que viven (en plural) en sociedades más o menos complejas en el interior de las cuales los enfrentamientos de poder y los conflictos por el control de los recursos son una realidad permanente. En este ámbito debemos reconsiderar muchas de las cosas que ya hemos dicho, observando, en líneas generales, que los conflictos asumen características diferentes según se desarrollen en el interior de comunidades social y culturalmente cohesionadas o impliquen relaciones de diferente naturaleza entre comunidades y culturas diferentes.

En las sociedades más simples la contraposición se da entre clases dominantes y clases subordinadas en comunidades y territorios. Por ejemplo, la sociedad feudal de la Edad Media europea vio emerger un grupo dominante de señores que controlaban el trabajo campesino, el aprovechamiento del bosque y los intercambios comerciales. En una palabra, los nudos de la producción y de la economía alimenticia. En este contexto las revueltas o, más a menudo, las protestas campesinas (que raramente asumen el peso y la amplitud de verdaderas revueltas) tienen como objetivo el mantenimiento de derechos adquiridos, cuando estos se ponen en duda: esto ocurre, en particular, cuando el privilegio señorial tiende a excluir del uso del bosque a la población, reservando para sí los derechos de caza o pasto. Como ha observado Rodney Hilton, la popularidad de leyendas como la de Robin Hood refleja no solo la fascinación por las aventuras al margen de la ley, sino también «la imagen utópica de un mundo en el que se pudiese ir a cazar y comer carne libremente». La libertad de acceso a los recursos naturales es un motivo central en las reivindicaciones de los campesinos ingleses en 1381, así como en la Alemania de 1525.

En Italia, el país de más fuerte y decisiva tradición urbana, se ejercieron formas análogas de dominio por parte de la ciudad sobre el territorio circundante, que en la Edad Media tomó el nombre de *contado* (del que viene *contadini*).[5] El condado se convertirá en un espacio de control ciudadano sobre todas las

[5] En italiano, *condado* y *campesinos*. (N. de la T.)

fases de la producción alimenticia: el trabajo de los campesinos, la distribución de los productos a través de los mercados o las manufacturas alimenticias. También en este caso un grupo dominante (la clase de poder en la ciudad) logra imponer un «orden» alimenticio que tiene como primer objetivo satisfacer las propias necesidades (el aprovisionamiento de productos para los mercados y consumos urbanos) normalmente con perjuicio del consumo de la comunidad rural sometida. Las tensiones explotan sobre todo en los casos de penuria alimenticia o de carestía, cuando los habitantes del condado se agolpan a las puertas de la ciudad en busca de comida y son —en los casos más dramáticos— violentamente expulsados.

Más complejos son los conflictos «transversales», que no ocurren en el interior de un conjunto social y político, sino entre una sociedad (su grupo dominante) y otra. Aún refiriéndonos a los ejemplos precedentes, si un señor feudal o una ciudad controlaban los recursos alimenticios del territorio sometido, al mismo tiempo se establecían tensiones y conflictos con otros señores y otras ciudades, que podían llevar a una relación dominante/dominado entre las dos instituciones paralelas. Entre los señores poseedores de castillos tiene lugar, en el arco cronológico comprendido entre los siglos X y XII, un proceso de selección que construye jerarquías precisas, no solo políticas sino económicas entre los diversos poderes. Lo mismo ocurre entre las ciudades: las mayores someten bajo su control a las menores: así, por ejemplo, en la segunda mitad del siglo XIII Bolonia impuso a sus centros sometidos el pago anual de una cierta cantidad de trigo y otros alimentos, que debían ser entregados incluso cuando no había disponibilidad por una mala cosecha. En este último caso las comunidades sometidas se veían obligadas a dirigirse a otro lugar para comprar los productos en mercados externos, quizá utilizando dinero prestado por la misma ciudad dominante. Por ejemplo, Bolonia prestaba dinero a la ciudad de Ímola para comprar productos en Romaña o en las Marcas, instaurando también una forma de control financiero sobre la ciudad dominada.

En la época de desarrollo de los Estados nacionales o de sistemas políticos más complejos, la relación dominante/dominado se aplicaba a mayor escala. Es típico el caso de la Inglaterra moderna, que a través de la clase de los terratenientes ejercía un estrecho control sobre los recursos alimenticios irlandeses, haciéndose llegar los productos más valorados (carnes, trigo etcétera) y dejando en el lugar, destinados al consumo local, solo los productos de menor valor comercial y nutritivo. Gracias a este mecanismo, durante el curso del siglo XIX los campesinos irlandeses se vieron obligados a consumir casi exclusivamente patatas, de modo que la doble carestía de 1846 y 1847 diezmó a la población y la empujó a cruzar el océano: no por falta absoluta de comida, sino porque el sistema económico-alimenticio estaba gobernado por un rígido mecanismo de dominio del más fuerte sobre el más débil.

Además, a principios del siglo XVI los mecanismos de control del espacio alimenticio habían crecido a escala mundial, con la afirmación del dominio europeo (Estados y compañías privadas de explotación) en el continente asiático y, tras el «descubrimiento» de Colón, en el americano. En todas las latitudes, los equilibrios económicos y las estructuras productivas del Nuevo Continente fueron alteradas en favor de los dominadores europeos, que utilizaron los territorios conquistados como espacios productores de comida, exportando a ultramar todos los productos fundamentales de la dieta europea, plantas y animales: antiguas plantas mediterráneas (la clásica tríada trigo, vid y olivo) así como los principales animales de pasto (bueyes, caballos, cerdos) pasaron en aquellos años más allá del gran mar océano. Lo mismo sucedió con el café y la caña de azúcar, productos de origen mediooriental que los árabes y los turcos habían descubierto a los occidentales y que estos no tardaron en trasplantar en las colonias americanas para satisfacer los nuevos deseos del Viejo Continente, con lo que comenzó un capítulo importante en la historia de la colonización y del esclavismo. Menos devastadora fue la transformación de las economías asiáticas, que, sin embargo, también estuvieron muy condicionadas por los intereses de las compañías comerciales y el consumo de los europeos.

El encuentro entre países ricos y países pobres, que, a pesar de la buena voluntad de unos pocos y el ambiguo paternalismo de muchos, revela cada vez más el gigantesco conflicto de intereses contrapuestos que caracteriza la sociedad actual, es casi la versión ampliada —fruto de la economía global— de los enfrentamientos por el control y el uso de recursos alimenticios que desde siempre han acompañado la historia de los hombres. De algún modo, incluso en un contexto extremadamente cambiado, todo esto vuelve a plantear el tema de la lucha de clases dentro de lo que McLuhan definió como «aldea global».

# La invención de la cocina

## FUEGO, COCINA, CIVILIZACIÓN

¿Qué es lo que distingue la comida de los hombres de la de los demás animales? El hombre —como hemos ilustrado en las páginas precedentes— además de consumir recursos disponibles en la naturaleza aprende a producirlos por sí mismo con la práctica de la agricultura y la ganadería. Esto, sin embargo, se refiere a la fase preliminar de hallazgo de comida, no a las modalidades de su consumo. Además, el hombre, al ser omnívoro, selecciona la comida según preferencias individuales y colectivas ligadas a valores, significados y gustos diferentes cada vez. Todo esto (sobre lo que reflexionaremos más adelante) no basta, sin embargo, para identificar el modo de comer de la especie humana, porque incluso las demás especies animales, aunque sea del modo más elemental, desarrollan hábitos precisos y gustos diferenciados.

Entonces, el principal elemento de diversidad consiste en el hecho de que el hombre, y solo él, es capaz de encender y usar el fuego, y que esta tecnología nos permite, junto a otras, «hacer cocina». Cocinar es una actividad humana por excelencia, es el gesto que transforma el producto de la naturaleza en algo profundamente diferente: las modificaciones químicas que produce la cocción y la combinación de los ingredientes permiten llevar a la boca una comida, si no totalmente artificial, sin duda construida. Por eso en los antiguos mitos y en las leyendas fundacionales la conquista del fuego representa (simbólica pero también material y técnicamente) el momento constitutivo y fundador de la civilización humana. Lo crudo y lo cocido, a los que Claude

Lévi-Strauss dedicó un ensayo justamente célebre, representan los polos opuestos de la contraposición —por otra parte ambigua y nada simple, como hemos visto— entre naturaleza y cultura.

En la mitología griega el fuego pertenece solamente a los dioses, hasta que el gigante Prometeo desvela el secreto a los hombres. Es un gesto de piedad hacia estos seres desnudos e indefensos, de los que el hermano Epitemeo, encargado de distribuir las diferentes habilidades entre los seres vivos, se había olvidado: para remediar esta distracción, Prometeo roba el fuego en el taller del dios Efesto y lo regala a los hombres. De este modo se convierte en el verdadero artífice de la civilización humana, que con el nuevo instrumento logra alzarse desde el nivel animal y aprender las técnicas de dominio de la naturaleza. El control del fuego permite al hombre, en cierto modo, hacerse divino, no estar sometido por más tiempo, sino ser señor de los procesos naturales, que aprende a controlar y a modificar. Por eso Prometeo se gana la ira de los dioses y es castigado de forma ejemplar.

El clarísimo peso simbólico del acto celebrado y representado por el mito se refleja en la imagen de la cocina, que, ligada al uso del fuego, se convierte en un elemento fundamental de la identidad humana. Desde aquel momento ya no se puede ser hombre sin cocinarse la propia comida, y el rechazo a la cocina asume (como veremos) un significado de protesta hacia la «civilización», exactamente como el rechazo a lo doméstico en las prácticas de producción de la comida. La idea del artificio, que transforma la naturaleza, preside durante siglos la actividad del cocinero. Formas, colores y consistencias son modificadas, plasmadas, «creadas» con gestos y técnicas que encierran una distancia programática con la «naturalidad». El cocinero típico de las culturas premodernas, al menos hasta el siglo XVII, es un «artista» que no respeta en su totalidad las propiedades originales de los productos. Hablar de una cocina *natural* subvierte esta imagen y propone una nueva idea (positiva en vez de negativa) de la naturaleza. Esto ha sucedido varias veces en la historia, en el pasado y sobre todo en la actualidad.

Sin embargo, hay que precisar que el fuego y la cocina no coinciden siempre exactamente. Por una lado, definir el acto culinario simplemente como la transformación de los alimentos por medio del fuego es demasiado reduccionista. De este modo se excluirían del ámbito de la cocina todas las preparaciones que no requieren cocción alguna, como por ejemplo las refinadas técnicas utilizadas por los cocineros japoneses en la preparación del pescado crudo. Nadie osaría afirmar que esta práctica no pertenece a la gran cocina, y sin embargo no necesita el uso del fuego.

Viceversa, hay quien piensa que la cocción de los alimentos no es por sí misma sinónimo de cocina. Como ha subrayado Françoise Sabban, en la tradición china cocer y *hacer cocina* son nociones muy diferentes entre sí: la primera implica simplemente la capacidad de utilizar el fuego (no suficiente, en esta perspectiva, para definir un ámbito de «civilización»), mientras que la segunda presupone una habilidad técnica llena de implicaciones estéticas y artísticas. A esta diferencia aludía el escritor chino Lin Yutang cuando en un ensayo de 1936 comparaba la altura de la cocina china con la pobreza de la «cocina occidental» (en realidad anglosajona), que conocía una sola palabra, *cooking*, para indicar las dos actividades de cocer y hacer cocina. A los ojos de Lin, esto significaba un acercamiento banal a la comida, dirigido únicamente a hacer comestibles los alimentos.

Esta distinción introduce otro elemento de incertidumbre en nuestra discusión. No quiere decir que, en la representación simbólica que los hombres han dado históricamente de sí mismos, el dominio del fuego y la cocción de los alimentos no sean el principal elemento de construcción de la identidad humana y de evolución del estado salvaje a la civilización. Sin embargo, la distinción de Lin Yutang nos hace reflexionar sobre la abundancia de significados de la palabra *cocina*, que en efecto designa una amplia gama de posibilidades, desde la más simple a la más compleja, de las prácticas cotidianas de las amas de casa a las exhibiciones virtuosas de los grandes especialistas.

En general, la cocina se puede definir como un conjunto de técnicas encaminadas a la preparación de los alimentos. Pero incluso en una acepción tan amplia y simple se observa que, según las sociedades, las épocas y los lugares, el conjunto de estas técnicas puede ser más o menos inclusivo, es decir, puede comprender un número muy variable de operaciones, en función de la especialización de las actividades, de su mayor o menor nivel de profesionalización o de su integración con la economía comercial. Por ejemplo, actividades como la matanza y corte de la carne o la molienda del trigo están excluidas de las prácticas cotidianas de la cocina en las sociedades europeas contemporáneas, mientras que en un tiempo formaban parte de ella, y aún lo hacen, en numerosas sociedades campesinas tradicionales. De todos modos, la complejidad de las operaciones de cocina no está ligada (como podríamos pensar erróneamente) al nivel profesional de los cocineros: al contrario, las técnicas manuales más complejas, las que requieren más tiempo y habilidad, fueron puestas a punto preparando las comidas de subsistencia más comunes. Basta pensar en las largas operaciones que se requieren para preparar la tortilla en México o el cuscús en África del norte, para moler el mijo en África central o para hacer comestibles los tubérculos de mandioca en Oceanía. Operaciones como estas requieren horas y horas de trabajo altamente especializado, realizado cotidianamente por las mujeres (protagonistas, desde siempre, del trabajo de cocina y depositarias de las técnicas que lo definen) y transmitido simplemente a través de la práctica y la imitación.

Todo esto, en las sociedades tradicionales, está orgánicamente incluido en la idea de *cocina*, mientras que en los países industrializados el conjunto de técnicas necesarias para la preparación de comidas cotidianas es extremadamente más limitado y ligero, dado que los preliminares son realizados por un gran número de profesionales y por la industria agroalimentaria. Además, en los países industrializados la actividad culinaria tiende a salir del ámbito doméstico para convertirse en una profesión ejercida en los locales públicos de restauración. En esta nueva dimensión profesional la cocina tiende a cambiar de sexo: de práctica femenina pasa a ser una profesión ejercida sobre todo por hombres.

## COCINA ESCRITA Y COCINA ORAL

La contraposición entre diferentes tipos de sociedades y cocinas, que acabamos de describir en líneas generales, ha sido objeto de reflexiones por parte de varios estudiosos, entre los que destaca el sociólogo inglés Jack Goody. Según su opinión, solo las sociedades complejas, fuertemente jerarquizadas y estatalizadas (las que se han desarrollado históricamente en Europa y Asia), han sido capaces de producir una cocina profesional, muy diferente a la cocina doméstica. Al contrario, la mayor parte de las sociedades tribales o débilmente estatalizadas de África no han conocido más que la cocina preparada por las mujeres en el interior del contexto familiar. Goody añade que solo en los países de gran tradición escrita se ha podido desarrollar un tipo de literatura técnica, el tratado culinario, que ha permitido catalogar las recetas de cocina. Y con la construcción de una memoria escrita de la cocina, que hace posible el crecimiento acumulativo de los conocimientos, se construye un propio y verdadero saber constituido, lo cual no se encuentra, al menos en forma material y tangible, en las sociedades de tradición oral. La cocina escrita permite codificar, en un repertorio establecido y reconocido, las prácticas y las técnicas elaboradas en una determinada sociedad. La cocina oral teóricamente está destinada, a largo plazo, a no dejar huella de sí misma.

Este destino parece que permitiría no solo contraponer las sociedades de tradición escrita a las de tradición oral, sino también a los diversos grupos en el seno de la misma sociedad: está claro, de hecho, que incluso las sociedades de tradición escrita, como son las europeas, durante largo tiempo han transmitido solo, o sobre todo, textos producidos por y para las élites sociales, la aristocracia cortesana y los demás estamentos urbanos. Las clases subordinadas, que no confiaban su experiencia a la escritura sino a la transmisión oral, aparentemente no han dejado nada. Por ejemplo, ¿qué podemos saber de la cultura alimenticia de los campesinos medievales?

Reconocer el papel de las sociedades campesinas en las estructuras de producción alimenticia, en las modalidades y los contrastes de la distribución o en los valores simbólicos atribuidos a comportamientos y consumo no es simple, aunque algunos datos emergen por sí mismos de la documentación. Más difícil es acceder a la esfera de la cocina, a los modos de preparación, a los gustos alimenticios (que no podemos considerar exclusivos de las clases superiores). Si damos por supuesto que la cultura escrita ha sido producida para las clases dominantes, y siendo la tradición oral (obviamente) desconocida para el historiador que no se ocupe de la época contemporánea, concluimos que solo se ha transmitido, quizá de manera discontinua, la cocina de los poderosos, difundida a través de las fuentes literarias y documentales, mientras sobre la cocina pobre estamos destinados a guardar silencio, o todo lo más a formular hipótesis interpolando fragmentos desperdigados de realidades históricas. Pero una lectura más astuta de las fuentes puede sugerirnos pistas diferentes. Aunque los textos escritos nunca son expresión directa de una cultura popular, la representan con una fidelidad mayor de lo que podríamos esperar. En los libros de recetas medievales, y en los del Renacimiento, que son su continuación lógica, se percibe una trama continua entre cocina de élite —aquella explícitamente representada— y un tipo diferente de cocina que en cierto modo podemos relacionar con la cultura popular.

El hecho está en que la cultura aristocrática y burguesa, mientras construye barreras de comportamiento impracticables —alimenticias en primer lugar— entre clases dominantes y clases dominadas, no excluye en cambio una convergencia cotidiana de gustos y costumbres. La rigidez de los esquemas simbólicos que oponen el estilo de vida de los campesinos al de los señores (o de los ciudadanos, según una variante típicamente italiana) convive serenamente con la presencia de productos y sabores «campesinos» en la cocina de élite. Es más, en cierto modo la presupone: es esta contaminación real entre las dos culturas la causante de las barreras ideológicas, de los símbolos de diferencia y separación. Frente a comidas que en la mentalidad colectiva (o al menos en la de las clases dominantes) gozaban de una imagen «típicamente campesina», las élites recurrían a unos simples trucos para modificar esta imagen y compatibilizarla con el área social de los privilegiados. Los libros de recetas son un formidable y desconocido testimonio de estos trucos, que aportan datos excepcionales para reconstruir la cultura oral y popular.

El más antiguo recetario italiano, el meridional *Liber de coquina* (de los siglos XII o XIV), comienza por las verduras y lo hace a propósito, con toda la intención: «Queriendo tratar aquí de la cocina y de los diferente alimentos, comenzaremos antes que nada por las cosas más fáciles, es decir, por el género de las verduras». Le siguen diez recetas diferentes de col, antes de pasar a las espinacas, el hinojo y las «hojas pequeñas», y más adelante a las legumbres: garbanzos, guisantes, habas, lentejas o alubias. Atención: en las representaciones literarias —en la «ideología» alimenticia de la Edad Media— todas estas comidas pertenecen al universo campesino. Pero la del *Liber* es una cocina expresamente destinada a la clase señorial: es evidente la diferencia entre teoría y práctica, entre códigos pensados y usos reales. El contraste es tan acentuado que necesita signos también poderosos para salir de la ambigüedad, para adaptarse a imágenes políticamente correctas.

La primera señal es la de las combinaciones y las modalidades de uso, que aclaran inmediatamente el destino social de la vianda. El producto humilde se ennoblece haciéndolo participar en un sistema gastronómico y simbólico diferente, como un simple ingrediente de viandas preciadas (dejando de ser el protagonista). Como escribe en el siglo XV el boloñés Sabadino degli Arienti, el ajo «siempre es comida rústica», pero «a veces artificiosamente se civiliza, formando parte de los asados de pato». En el momento en el que el ajo adereza un pato asado, su naturaleza campesina se modifica «artificiosamente». Por eso la ajada, la salsa a base de ajo machacado en el mortero, típica de la cocina campesina, puede aparecer también en los recetarios de las clases altas: todo depende del alimento al que acompañe. Un libro veneciano del siglo XIV la propone «para cualquier carne». Del mismo modo, la receta de las «coles delicadas para uso de señores» del *Liber de coquina* precisa que esta humilde hortaliza sea el acompañamiento de platos de carne: «cum omnibus carnibus».

El segundo signo de la dignificación, además del juego de la combinación, es el «enriquecimiento» del producto pobre con un ingrediente valioso —sobre todo las especias. Consideremos esta receta de un libro toscano del siglo XIV: «Pon nabos, bien hervidos en agua, y sofríelos con ajo, cebolla y sal; y cuando estén bien cocidos y preparados, aderézalos con especias en los cuencos». La lógica del texto está clara: una vez especiado, cualquier alimento es digno de las mesas señoriales. Pero esto implica una base común de cultura gastronómica, una transversalidad social de prácticas y de costumbres alimenticias. La misma línea de tendencia encontramos en los recetarios de los siglos XV y XVI, que retoman y amplifican la tradición popular de las hierbas en la cocina: col, nabo, hinojo, setas, calabaza, lechuga, perejil y cualquier tipo de hierbas, además de legumbres como las habas y los guisantes, son la base de muchas preparaciones (menestras, empanadas, buñuelos) propuestas en el recetario del maestro Martino, el más prestigioso cocinero italiano del siglo XV.

Si una de las características dominantes de la cocina popular es la importancia que en ella ocupan las verduras (y por eso es importante comprobar su presencia en los recetarios de la corte), los alimentos pobres por excelencia son la polenta[6] y las menestras de cereales inferiores, como legumbres y castañas, elemento clave de una cocina que se distingue sobre todo por la necesidad de llenar el estómago para alejar el espectro del hambre y garantizar la supervivencia cotidiana. Sin embargo, incluso esta cocina pobre ha dejado huellas importantes en los recetarios de las clases altas. Las habas quebradas propuestas en el *Liber de coquina* no son más que una polenta de habas, como las que, a veces bajo el nombre de *macco*, nos testimonia la amplia literatura sobre alimentación campesina. Igualmente significativa es la *paniccia col latte*,[7] propuesta por el recetario toscano: lavar y aplastar la «legumbre» (así lo define el texto, asimilando el panizo a las legumbres), hervirlo y mezclarlo con leche y tocino. Receta ver-

[6] Papilla a base de harina y agua. Su composición puede variar según las harinas disponibles en cada lugar. (N. de la T.)

[7] Gachas de harina de garbanzos típicas de la Liguria (Italia). (N. de la T.)

daderamente pobre si no fuera porque, en vez de constituir la vianda principal de la comida —como ocurría en las casas de los campesinos—, esta *paniccia* servía como acompañamiento a comidas más ricas y sustanciosas: «este alimento puedes comer con el cabrito asado».

Los recetarios sugieren también polentas a base de avena, cebada y mijo, presentadas a veces como viandas «para los enfermos», o sea, simples, esenciales, sin especias añadidas, pero justo por este motivo cercanas al modelo de consumo popular. Espelta, mijo y legumbres aparecen en las recetas del maestro Martino, y numerosas menestras de cereales inferiores, de castañas y legumbres, encontramos en las páginas de Bartolomeo Scappi, el cocinero italiano más importante del Renacimiento, autor de un monumental tratado culinario publicado en 1570.[8] Según el modelo ya visto, estas polentas y menestras están enriquecidas con especias, azúcar y carnes varias, pero siempre se pueden relacionar con la cocina popular. En la obra de Scappi aparece incluso una menestra de *formentone grosso*, o maíz, el nuevo producto de origen americano que incluso los campesinos tardaron mucho tiempo en aceptar en sus mesas.

En las páginas de Scappi, la referencia a la cultura popular en cualquier caso es explícita. Algunas preparaciones de pescado se derivan, confiesa el autor, de las recetas simples de los pescadores, a las que no sabría qué más añadir. Tras haber dado la receta del rodaballo «en potaje», nos declara así la fuente: «durante el tiempo que pasé en Venecia y Rávena, he aprendido de pescadores de Chiozza y venecianos, los cuales hacen los mejores potajes, que en todos los lados del mar no se cocían de modo diferente al que yo he dicho antes». Y además añade: «creo que

[8] Se trata de *Opera dell'arte de cucinare*, editada en esta misma colección: *Del arte de cocinar*, Gijón: Trea, 2004. (N. de la T.)

ellos lo hacen mejor que los cocineros, porque los cocinan recién pescados».

De todo esto deriva una consecuencia importante de carácter metodológico: no es cierto que la cultura de las clases sometidas y la oralidad que la expresaba estén irremediablemente perdidas. Una y otra han sido transmitidas por los textos escritos y por la cocina dominante con una evidencia formal y sustancial debida incluso al modo con el que se describen y se realizan (presumiblemente) los procedimientos de preparación de las viandas. En otras palabras, la presencia de la cocina pobre (y por tanto de la cultura popular) en los recetarios de élite de la Edad Media y el Renacimiento, que además es el momento decisivo de formación de la cultura gastronómica italiana, está favorecida por el particular modo en el que trabaja el cocinero. El mecanismo predominante es el de la acumulación, que añade ingredientes nobles a un producto simple, o combina viandas nobles con un producto simple. Esto significa que el punto de partida es, por definición, el más ampliamente compartido, que los elementos de diversidad aparecen después. Es importante destacar este punto porque constituye un elemento de diversidad respecto a las prácticas culinarias modernas: desde hace unos siglos la cocina fina —la de las grandes familias y los grandes restaurantes— se distingue no solamente en las operaciones finales de las recetas, sino también, a menudo, en las fases preliminares: la lección francesa de los siglos XVII al XVIII, de la que nace una gran parte de las técnicas contemporáneas de cocina, ha sido innovadora por la introducción de bases preparadas con antelación (fondo oscuro, rojo, etcétera), que proporcionan a los platos un carácter diferente desde el principio. También por este motivo, el recetario de un cocinero de moda es difícilmente comparable a la cocina pobre: si de algún modo la expresa o se asemeja a ella, lo hace de manera indirecta y con una difícil descodificación textual. Si en cambio el punto de partida refleja un código «común» de la cocina —como parece ser el caso de la cocina medieval y renacentista—, la fiabilidad de los recetarios de élite como espejo de la cocina pobre, y como fuente para su reconstrucción, es mucho más alta.

La civilización de la escritura puede por tanto salvar incluso algo de la cultura oral, que, aunque no se exprese a través de la escritura, ha sido reflejada de manera indirecta pero no por ello menos visible.

## ANTICOCINA

La cocina es el símbolo de la civilización y la cultura, el rechazo de la cocina representa la protesta frente a estos valores y tiene el mismo significado que el rechazo a lo doméstico en las prácticas de producción de alimentos. Lo crudo, como lo salvaje, se relaciona como símbolo de una elección «no cultural» que, una vez más, está fuertemente impregnada de cultura. Un caso típico es el de los ermitaños, que, con una coherencia intelectual consciente, asumen y ostentan un modelo de comportamiento alimenticio que pretende distanciarse del mundo y, de este modo, excluye el uso del fuego y las prácticas de la cocina, entendidos como fundamento de la identidad civil. Pero actuando de este modo, proponen un género diferente de cultura, una utopía que mira más allá del mundo.

En la tradición cristiana lo salvaje es un tipo de imagen alimenticia del mito de la providencia y de la feliz época en la que el hombre, antes del pecado, aún no había sido condenado a trabajar para ganarse el pan. Lo crudo tiene un significado análogo, sirve a un proyecto de vida que intenta abandonar la humanidad pecadora para recuperar la dimensión divina —o, paradójicamente, acercarse a la condición animal, el extremo opuesto de la divinidad en las elecciones no humanas y no culturales. Este es el sentido de ciertos comportamientos que encontramos entre los solitarios del desierto sirio o egipcio durante los primeros siglos de la experiencia cristiana, personajes como Hilarión, del que cuentan que «se nutría solamente de hierbas salvajes y de los brotes de las raíces crudas». Encontramos numerosos ejemplos de este tipo en la *Historia Lausiaca* y en la *Vida de los patriarcas*, dos textos del siglo IV que recogen biografías de los eremitas: Macario Alejandrino «durante siete años no comió nada que hubiese pasado por el fuego»; Filoromo «se abstuvo durante dieciocho años de todas las comidas cocinadas al fuego»; Sisai, cuando un joven le preguntó cómo debía comportarse para ganar la santidad, sentenció: «no te es necesario cocer nada». Del mismo modo, «no probar nada cocinado» era una de las principales pruebas que se imponía Dióscoro de Namibia para verificar su propia solidez moral. Este modelo ideológico vuelve a presentarse un tiempo después en Occidente, aunque con un brusco cambio de escenario: el protagonista es el bosque en vez del desierto, como lugar de soledad en el que probar su ascetismo. En los bosques de la Francia central Winoco practicó la soledad ascética reduciendo su comida exclusivamente a «hierbas silvestres crudas». En los bosques de los Apeninos italianos el ermitaño Venerio, discípulo de Romualdo, durante cuatro años «vivió solo de frutas, hierbas y raíces, y no comió nada cocinado».

Gracias a los protagonistas y a los textos que nos transmiten estos hechos, sabemos que fueron decisiones intelectuales y «culturales». Esta no cultura se aprendía según los mecanismos comunes de transmisión cultural (el caso de Sisai, que transmite al discípulo su enseñanza, es ejemplar desde este punto de vista), pero el ideal sería adquirirla sin recurrir a otros hombres, recibirla directamente de Dios, o bien de los animales, mejor si eran guiados por Dios mismo. La extraña pareja de opuestos, que coinciden en la oposición común a la dimensión humana, aparece en un episodio de la *Vida de los patriarcas* donde se cuenta la historia de un asceta que, habiéndose retirado al desierto para vivir en perfecta soledad, eligió alimentarse solo de hierbas y raíces silvestres, obviamente crudas. Pero tenía un problema: no sabía distinguir las hierbas buenas de las malas. Las probaba todas, pero algunas escondían, tras un aspecto apetitoso, una naturaleza venenosa, de modo que el ermitaño sufría terribles dolores de vientre, conatos de vómito y fiebre. Entonces, por miedo a morir, comenzó a desconfiar de todo lo que parecía comestible y dejó de comer por completo, exponiéndose de nuevo a morir, pero esta vez de hambre. Después de siete días sucedió un milagro: se le apareció una cabra silvestre, se acercó al manojo de hierbas que había recogido el ermitaño pero que no se atrevía a tocar y comenzó a separar con la boca las plantas venenosas de las buenas; le enseñó de este modo cuáles debía comer.

Desde aquel día el hombre santo atesora la lección e intenta sobrevivir en el desierto evitando al mismo tiempo el hambre y el envenenamiento. El episodio es particularmente sugestivo porque expresa la naturaleza profundamente cultural de las elecciones no culturales de los ermitaños. Esto nos demuestra que utilizar los recursos salvajes y comerlos como los encontramos en la naturaleza no es en absoluto una operación simple y natural, fruto de una sabiduría instintiva, sino el resultado de un aprendizaje, de un conocimiento del territorio y de sus recursos, que se obtiene recogiendo informaciones y aprovechando las enseñanzas de quien ya conoce el territorio y utiliza aquellos recursos. En esas circunstancias, el informador es un animal enviado por Dios: no hay otros hombres que transmitan cultura al ermitaño solitario, aunque este no pueda pasar sin ella.

Este tipo de sugestiones culturales dura mucho tiempo: en la Europa del siglo XVIII, a caballo entre el racionalismo iluminista y la pasión protorromántica, la desconfianza hacia los cocineros y la fascinación que ejerce la cocina simple, precultural y en la mayoría de los casos «cruda», son motivos recurrentes de muchas obras literarias y de la utopía naturalista de Jean-Jacques Rousseau. El buen salvaje no cocina y es feliz. En épocas como la nuestra, en la que se difunde la ecología, tales imágenes aparecen a menudo en los comportamientos alimenticios, como durante el transcurso del siglo XX, en el que lo crudo ha tenido un insospechable aliado en la ciencia dietética. El descubrimiento de las vitaminas ha desplazado lo crudo a una nueva imagen de comportamiento saludable (cuanto menos se cocinan los alimentos, más se mantienen sus virtudes nutritivas) que discrepa radicalmente de las líneas guía de la dietética antigua, fuertemente arraigada en la idea de la manipulación y de las cocciones largas.

## ASADO Y HERVIDO

Las tensiones culturales que implican las prácticas de cocina hacen que no sean ideológicamente neutras.

Eginardo, el biógrafo de Carlomagno, cuenta que el soberano gozó siempre de una salud óptima, menos cuando en sus últimos cuatro años de vida sufrió frecuentes ataques de fiebre y al final incluso de gota (de hecho, cojeaba de un pie). Recuerda también las peleas que, por causa de esta enfermedad, explotaban entre el emperador y sus médicos: estos «le eran particularmente odiosos porque lo exhortaban a abandonar los asados, a los que estaba acostumbrado, para pasar a las carnes hervidas».

¿Era solo una cuestión de gusto? Seguramente no. Detrás de la costumbre de Carlomagno de comer carne asada y su rechazo a la carne hervida es fácil intuir, más allá de las predilecciones individuales, también algunos valores culturales bien definidos, como los que Lévi-Strauss nos ha enseñado a leer en las modalidades de cocción de los alimentos. No solo en las sociedades tradicionales, sino incluso en la actualidad, lo asado y lo hervido desempeñan funciones opuestas en el plano simbólico, «significan» cosas diferentes en el habitual juego de oposiciones entre cultura y naturaleza, lo doméstico y lo salvaje. Oposiciones ambiguas, como ya hemos subrayado, porque incluso la elección a favor de la naturaleza es eminentemente cultural. Esto no hace el tema menos interesante y no quita para que, en la elección de los alimentos y de las técnicas de cocción, el asado esté precisamente en la parte de la «naturaleza» y de lo «salvaje», porque no requiere otros medios además del fuego, sobre el que la carne se cuece violenta y directamente. ¿Qué otra cosa podríamos imaginar al final de una batida de caza, como las que solían hacer los aristócratas medievales y del Antiguo Régimen, sino un animal asado, girando sobre las llamas de una hoguera? Para aquellos hombres el gusto fuerte de la carne asada era una costumbre que rozaba la obviedad, y como tal aparece en la descripción de las costumbres de Carlomagno: su comida cotidiana, escribe Eginardo, constaba normalmente de cuatro platos..., excluidos los asados, «que los cazadores normalmente ensartaban en los espetones y que él comía con más placer que cualquier otra comida». El emperador estaba *assuetus*[9] a este tipo de carnes, que los médicos intentaban en vano desaconsejar: un adjetivo que sugiere la costumbre pero también, de algún modo, la adicción. Una adicción psicológica difícilmente comprobable, que nos muestra cómo los comportamientos alimenticios son fruto no solo de valoraciones económicas, nutricionales o saludables perseguidas racionalmente, sino de elecciones (u obligaciones) ligadas al imaginario y a los símbolos de los que somos portadores y, de algún modo, prisioneros.

[9] En latín, *acostumbrado*. (N. de la T.)

Lo hervido, en cambio, que «media» a través del agua la relación entre fuego y comida, y requiere el uso de un recipiente —o sea de una manufactura «cultural»— para contener y cocinar las carnes, tiende a asumir significados simbólicos ligados más bien a la noción de *domesticidad*. El ámbito natural de este tipo de preparaciones es, de hecho, más la cocina campesina que el bosque. Es una verdad que se prolonga hasta nuestros días y ha sido confirmada por una gran cantidad de indicios, no solo escritos sino también materiales (los documentos arqueológicos): por ejemplo, las excavaciones realizadas en asentamientos medievales han revelado una correspondencia precisa entre la dimensión de los recipientes de cocción y la medida de los huesos de los animales que se encontraron en los depósitos de descarte. Los huesos, evidentemente, habían sido cortados de manera que pudiesen estar contenidos en aquellos recipientes. La gran protagonista de esta cocina (como hasta hace poco tiempo sucedía en nuestros campos) era la olla colgada sobre el fuego siempre encendido, protegido por un círculo de piedras en medio de la habitación. También en las chimeneas de pared de las casas burguesas se colgaban ollas, como nos muestran las miniaturas tardomedievales (sobre todo los *Tacuinum sanitatis*) y de los siglos sucesivos. Incluso las cocinas monásticas daban preferencia a las preparaciones en olla (de carnes pero sobre todo de legumbres y verduras).

Los valores simbólicos atribuidos a los hervidos —domesticidad, cultura, una «dulce» relación con la comida— se basaban en una realidad de mayor economicidad y rentabilidad (valores importantes en el mundo campesino y extraños para la mentalidad aristocrática). Cocinar en una olla, en vez de hacerlo directamente en el fuego, significaba no desperdiciar los jugos nutritivos de la carne, retenerlos y concentrarlos en el agua. El caldo así obtenido se podía reutilizar para otras preparaciones, junto con nuevas carnes, cereales, legumbres o verduras. Cuando se usa una olla se piensa en el ahorro, en la conservación. Además, el empleo del agua era indispensable cuando se trataba de cocinar carnes saladas, como eran, en su mayor parte, aquellas consumidas por los campesinos (mientras que la carne fresca era más bien una señal de privilegio social).

En la oposición asado/hervido hay también, implícita, una contraposición de género. La olla que hierve en el fuego doméstico pertenece a la competencia femenina. La gestión del fuego para asar la carne es frecuentemente una operación masculina, que inspira imágenes de brutal simplicidad, de dominio inmediato sobre las fuerzas naturales. En toda su ambigüedad, estas imágenes continúan condicionando nuestra manera de pensar la relación con los alimentos. Las barbacoas al aire libre, que ostentan gestos rudos y maneras esenciales, son el residuo de sugestiones antiguas, que aún hoy se contraponen a la complejidad de la cocina elaborada y doméstica. Los utensilios de *picnic* se compran hoy en el supermercado y el carbón listo para usar sustituye a la búsqueda de leña y ramas para encender el fuego, pero la ilusión es siempre la de una relación fuerte y directa con la naturaleza, para construir o reencontrar. El estilo de vida del cazador, o quizá del vaquero, no ha perdido su fascinación e incluso puede llegar a ser un factor de identidad nacional cuando se asimila de manera consciente al ideal de una sociedad, como la estadounidense, que admira la cocina europea pero sigue considerándola excesivamente sofisticada.

## PLACER Y SALUD

El uso del fuego y las prácticas de cocina sirven para «mejorar» los alimentos, desde el punto de vista no solo del gusto, sino también de la seguridad y de la salud. La complicidad entre cocina y dietética es un dato permanente y, por así decirlo, originario de la cultura alimenticia, que quizá podamos atribuir al momento mismo en el que el hombre aprendió a usar el fuego para cocinar los alimentos. Este simple gesto tuvo seguramente desde el inicio el objetivo de hacer la comida más higiénica y más sabrosa: podemos decir que de algún modo la dietética nace con la cocina. Con el paso del tiempo esta relación se hizo más consciente y elaborada, y evolucionó como ciencia dietética dentro de la reflexión y la práctica médica: así sucedió en la Grecia antigua, donde, entre los siglos V y IV a. de C., Hipócrates de Cos fundó una escuela de pensamiento que duró en Europa un par de milenios; así sucedió en otras civilizaciones como la india o la china, que elaboraron un pensamiento médico y filosófico estrechamente ligado a las prácticas de cocina, lleno de significativas conexiones con la tradición occidental.

La medicina premoderna ha sido definida a menudo como «galénica» en honor del médico romano Galeno (siglo I a. de C.), cuyas enseñanzas, que retomaban y desarrollaban las teorías de Hipócrates, permanecieron vivas hasta pasado el siglo XVII. Esta se basaba en un principio fundamental, del que derivaba la mayor parte de las ideas y las prácticas relativas al cuidado del cuerpo: cada ser vivo —hombres, animales, plantas— posee una «naturaleza» particular debida a la combinación de cuatro factores, combinados de dos en dos: calor y frío, seco y húmedo. A su vez, estos derivan de la combinación de cuatro elementos (fuego, aire, tierra y agua), que constituyen el universo. El hombre puede decir que goza de una salud perfecta cuando en su organismo los diferentes elementos se combinan de manera equilibrada, proporcionada. Si uno de ellos prevalece sobre los demás, por un estado ocasional de enfermedad, por la edad (los jóvenes son más «cálidos» y «húmedos», los ancianos más «fríos» y «secos»), por el clima y el ambiente en el que uno vive, por la actividad que se desarrolla o por cualquier otra razón, es indispensable restituir el equilibrio con las medidas adecuadas, como el control de la alimentación. Por ejemplo, la persona que esté afectada por una enfermedad que le hace demasiado «húmedo» debe preferir alimentos de naturaleza «seca», y viceversa. El individuo que goza de buena salud, en cambio, debe consumir alimentos equilibrados o, como se decía, «moderados». Justo aquí es donde interviene la cocina, entendida como el arte de la manipulación y de la combinación, dado que en la naturaleza no existen alimentos perfectamente equilibrados. Se necesita por lo tanto una intervención para corregir las cualidades naturales del producto (clasificadas según una complicada tabla de intensidad o «grados») y reconducirlos a su justa medida. Si un alimento está desequilibrado por «calor», habrá que modificarlo hacia el «frío», o bien acompañarlo con ingredientes «fríos» según dos líneas principales de actuación: las técnicas de cocción y las modalidades de combinación entre alimentos. Sobre esta base se asienta la idea, típica de la cultura antigua, medieval y renacentista, de que la cocina es fundamentalmente un artificio, un arte combinatorio que tiende no ya —como nos podría parecer obvio— a valorizar la naturaleza de los productos, sino a rectificarla, a corregirla.

Bajo esta óptica se explican, sobre todo, las indicaciones sobre cómo cocinar los alimentos, que encontramos tanto en los recetarios de cocina como en los textos de dietética: una correspondencia precisa que debe mediar entre el tipo de carne (de diferente calidad según el género, la edad y el sexo del animal) y la cocción a la que está destinada. Si las carnes son secas, será preferible añadir agua, o sea, hervirlas; las húmedas habrá que secarlas, asándolas. «Las carnes de ciervo se comen hervidas —escribe el médico Antimo en el siglo VI—; los asados, si son de ciervo joven, son buenos. Pero si el ciervo es viejo, son pesados». Costumbres más tarde convertidas en proverbiales porque «gallina vieja hace buen caldo».

Criterios análogos orientan las combinaciones, otro punto fuerte de la dietética antigua y medieval que ha determinado muchas elecciones en el campo gastronómico. Elecciones que más tarde entraron en la costumbre y se conservan en la actualidad: ¿por qué se come el queso con peras o el melón con jamón? La combinación se basa en ambos casos en la dietética premoderna, que desconfiaba de muchos tipos de fruta (entre los que se encuentran las peras y el melón), juzgados como excesivamente húmedos y peligrosos para la salud: la función del queso o el jamón (ambos «secos») era la de «secar» la naturaleza de los productos a los que acompañaban. Como alternativa se puede recurrir al elemento secante por excelencia, la sal (en Francia se acostumbra rociar con ella el melón). Pero aquellas frutas no son solamente húmedas, sino también peligrosamente frías. Acompañando el melón con un vino fuerte y dulce (en Francia se sirve a menudo con un vasito de oporto) el problema se resolverá de manera excelente. En cuanto a las peras, no es casualidad que aparezcan cocidas en vino en la mayor parte de los menús medievales y renacentistas (incluso hoy en día es una tradición que se conserva en muchos lugares).

El «cocinero galénico», en cuya profesionalidad se reúnen el arte de la cocina y la sabiduría médica, presta una extraordinaria atención también a las salsas, que, oportunamente combinadas con carnes y pescados, tienen precisamente el objetivo de equilibrar las viandas, haciéndolas al mismo tiempo digeribles y sabrosas. Se unen ambas cualidades porque un principio esencial de la cocina y la dietética premodernas es que los alimentos, para que sean bien asimilados por el organismo, deben despertar a los jugos gástricos a través del placer de comer. La salsa de ajo, escribe Bartolomeo Sacchi, el humanista Platina, en el tratado *De honesta voluptate et valetudine* (mediados del siglo XV), se emplea con las carnes duras y grasas «para volverlas más digeribles y para estimular el apetito». Que el deseo constituya el símbolo sensible de una necesidad, que el placer de satisfacerlo represente el principal consuelo para la salud del cuerpo es una idea compartida hasta rozar la obviedad.

«Lo que es más agradable al gusto va mejor para la digestión», escribió Maino de' Maineri, médico milanés del siglo XIV, autor de un tratado de dietética que se parece en muchos aspectos a un recetario de cocina, por la cantidad de sugerencias prácticas que conciernen a la cocción de los alimentos, los modos de preparación, las combinaciones. No por casualidad un capítulo completo del *Regimen* de Maino, dedicado a las salsas, circuló también como texto independiente, con el título *De saporibus*. A la inversa, es fácil encontrar señales de los preceptos médicos en los libros de recetas: médico y cocinero son las dos caras de un mismo saber. Las habas —escribe Platina— son calientes y húmedas, pero su nocividad puede ser atemperada «añadiéndoles orégano, pimienta y mostaza» y bebiendo vino puro.

Son reglas muy compartidas, porque la dietética habla el mismo lenguaje que la cocina, un lenguaje compatible con el de los sentidos: caliente y frío, seco y húmedo no son categorías abstractas, sino teorías de la experiencia sensible. Por tanto, este lenguaje atraviesa por completo el cuerpo social, aparece, con diferentes grados de conocimiento, en tratados eruditos y costumbres campesinas, reflexiones científicas y prácticas cotidianas. No solo los lectores de Maino o Platina sino también los hosteleros saben que las peras, los melocotones o las cerezas se acompañan preferiblemente con el queso. Las comidas a la carta consumidas en el Albergo della Stella de Prato (Italia) entre 1395 y 1398 —detalladamente documentadas por los propietarios de la hostería— concluyen a menudo con peras cocidas y queso (o, siguiendo las estaciones, con *cacio e ciliege*[10] en mayo, o queso y melocotones en septiembre). Un testimonio muy valioso porque se refiere a personas de todas las condiciones y de alimentos *alla carta*, es decir, elegidos por ellos mismos. No hay demasiada distancia entre la cultura de estos hosteleros y la de un gran príncipe como Filippo Maria Visconti, señor de Milán, que, según el testimonio del biógrafo Pier Candido Decembrio, gustaba de concluir su comida con «peras o manzanas cocidas en queso».

Elegido el tipo de cocción y determinadas las combinaciones, el tercer acto estratégico de la salud en la mesa ya no compete al cocinero, sino al «maestro de casa» (llamado antiguamente *sausier* o director de mesa): presentar las viandas, durante la comida, según una sucesión que favorezca su buena absorción, la buena digestión.

«Qué cosas deben comerse antes» es un problema al que Platina dedica un capítulo de su tratado y numerosas observaciones en muchos capítulos y párrafos. «Para escoger los alimentos se debe observar un cierto orden, porque al inicio de la comida se pueden comer sin temor y con más gusto aquellas cosas que ponen en movimiento el estómago y que proporcionan una nutrición ligera y mesurada», como algunos tipos de manzanas y peras, las lechugas «y todo lo que se puede tomar crudo y cocido para condimentar con aceite y vinagre». En lo que se refiere a la fruta, el consejo es comenzar la comida con las calidades dulces y perfumadas y terminarla con las ácidas y astringentes: ya se trate de manzanas, peras, granadas o moras, la regla que hay que seguir es esta.

La relación entre placer y salud, que el imaginario contemporáneo tiende a menudo a percibir en términos conflictivos, ha sido concebida en las culturas premodernas como un nexo inseparable, en cuyo interior los dos elementos (el placer y la salud) se refuerzan entre sí. La idea de que el placer es saludable,

[10] Queso y cerezas. El *cacio* es un típico queso italiano. (N. de la T.)

que lo que gusta sienta bien, es una idea básica de la dietética antigua y medieval. Y las «reglas de la salud» son ante todo reglas alimenticias, entendidas no como restricción (como parece sugerir un significado distorsionado del término *dieta*, que hoy prevalece en el lenguaje común), sino de la construcción de una cultura gastronómica. Esto, evidentemente, no significa que cada gesto alimentario se realice en favor de la salud: podían incluso darse situaciones contradictorias cuando otras razones —las de prestigio social o de la simple glotonería, o incluso otras— entraban en juego. Pero en conjunto, la ciencia dietética y el arte gastronómico caminaban en estrecha simbiosis, porque además —como ya hemos observado— hablaban el mismo idioma.

Desde los siglos XVII y XVIII la ciencia dietética comenzó a hablar un lenguaje diferente, fundado en el análisis químico en vez de en la observación física. Las categorías del calor y el frío, de lo seco y lo húmedo, elaboradas por la medicina griega y latina a partir de la física aristotélica, permitían un intercambio continuo y natural entre experiencias cotidianas y elaboración conceptual, entre prácticas de cocina y reflexiones sobre el valor nutricional de los alimentos. La nueva dietética ha introducido conceptos, fórmulas y palabras que ya no están ligadas a la experiencia sensorial: ¿quién conoce el sabor de los carbohidratos o el gusto de las vitaminas? Aquí se abre una brecha importante y difícil de cerrar. Sin embargo, hoy como ayer la ciencia dietética interviene profundamente en la manera de enfrentarse a la mesa. La relación entre placer y salud, que se constituyó en una época primitiva con las primeras experiencias de cocción de los alimentos, continúa siendo una constante fundamental en la experiencia cultural del *homo edens*.[11]

[11] En latín, «hombre que come», por analogía con *homo sapiens*, *homo ludens*, *homo loquens*. (N. de la T.)

# El placer (y el deber) de la elección

## EL GUSTO ES UN PRODUCTO CULTURAL

La comida no es buena o mala en términos absolutos: alguien nos ha enseñado a reconocerla como tal. El órgano del gusto no es la lengua sino el cerebro, un órgano culturalmente (y por tanto históricamente) determinado, a través del cual se aprenden y se transmiten los criterios de valoración. Por ello, estos criterios pueden variar en el espacio y en el tiempo: lo que en una determinada época ha sido juzgado positivamente en otra puede cambiar de signo; lo que en un lugar está considerado un manjar en otro puede ser considerado desagradable. La definición del gusto forma parte del patrimonio cultural de las sociedades humanas. Así como existen gustos y predilecciones diferentes en diversos pueblos y regiones del mundo, así los gustos y predilecciones cambian en el curso de los siglos.

¿Pero cómo se puede presumir de conocer el gusto alimenticio de épocas lejanas a la nuestra? Este interrogante nos lleva a dos acepciones distintas del término *gusto*. Una es la del gusto entendido como sabor, como sensación individual de la lengua y del paladar: una experiencia por definición subjetiva, escurridiza, incomunicable. Desde este punto de vista, la experiencia histórica de la comida está irremediablemente perdida. Pero el gusto es también saber, es valoración sensorial de lo que es bueno o malo, gusta o disgusta, y esta valoración, como hemos dicho, viene del cerebro antes que de la lengua. Desde este punto de vista, el gusto no es en absoluto una realidad subjetiva e incomunicable, sino colectiva y comunicada. Es una experiencia cultural que se nos transmite desde el nacimiento, junto con otras variables que ayudan a definir los valores de una sociedad. Jean-Louis Flandrin ha acuñado la expresión *estructuras del gusto* para subrayar el carácter colectivo y compartido de esta experiencia. Y en esta segunda dimensión del problema, que no coincide con la primera pero la condiciona en gran medida, se puede indagar incluso históricamente, examinando las memorias, los restos y las huellas que cada sociedad del pasado ha dejado tras de sí.

Tomemos las sociedades medieval y renacentista: ¿qué nos permiten averiguar los documentos acerca de los modos de consumo y los gustos de hace mil o incluso solo quinientos años? ¿Qué diferencias se notan respecto a la actualidad?

Si efectuamos un estudio retrospectivo, que vaya desde la actualidad hasta la Edad Media, parece claro que nuestra idea de cocina y el sistema de sabores que nos parece tan «naturalmente» preferible son muy diferentes a los que durante mucho tiempo —no solo en la Edad Media, sino hasta hace un par de siglos— los hombres juzgaban buenos y buscaban en los alimentos. La cocina actual (italiana y europea) tiene sobre todo un carácter analítico, es decir, tiende a distinguir los sabores —dulce, salado, amargo, agrio, picante...—, reservando a cada uno un espacio autónomo, tanto en cada uno de los platos como en el orden de los mismos. En esta práctica se inspira la idea de que la cocina debe respetar, en los límites de lo posible, el sabor natural de cada alimento: un sabor que cada vez es diferente y particular, que es siempre distinto a los demás. Pero estas simples reglas no constituyen un arquetipo universal de cocina, que siempre haya existido y que siempre haya sido igual a sí mismo: son el fruto de una pequeña revolución ocurrida en Francia entre los siglos XVII y XVIII.

«La sopa de col debe saber siempre a col, el puerro a puerro, el nabo a nabo», recomienda Nicolas de Bonnefons en su *Carta a los mayordomos* (mediados del siglo XVII). Aparentemente, se trata de una afirmación inocente, incluso desconcertante en su banalidad, pero en realidad pone del revés modos de pensar y de comer consolidados durante siglos. El gusto renacentista, como el medieval y, aún más atrás, el romano antiguo, había elaborado un modelo de cocina basado principalmente en la idea del artificio y de la mezcla de sabores. Tanto la preparación de cada uno de los alimentos como su orden a lo largo de la comida respondían a una lógica sintética más que analítica: reunir en vez de separar. Esto respondía también a las reglas de la ciencia dietética, que consideraba «equilibrada» la comida que poseyese todas las cualidades nutricionales, que se manifestaban a través de los diferentes sabores: la vianda perfecta era aquella en la que todos los sabores (y por tanto todas las virtudes) estuvieran presentes simultáneamente. Por este motivo el cocinero debía intervenir sobre los productos, para alterar sus características de manera más o menos radical.

Un ejemplo típico de esta cultura es el gusto dulcesalado, que caracteriza gran parte de las preparaciones medievales y renacentistas. O bien el agridulce, que mezclaba el azúcar con los cítricos, reinterpretando y suavizando, gracias a la aportación de dos nuevos productos traídos a Europa por los árabes, la combinación de miel y vinagre que ya había caracterizado la cocina romana. Gustos que no han desaparecido completamente, ya que aún hoy se encuentran en las cocinas europeas más conservadoras, como las del área germánica y del este. Piensen en las confituras de arándanos, en las peras y las manzanas usadas como guarnición de la carne y en particular en la caza: esta es la cocina medieval. Piensen, para permanecer en Italia, en productos como la mostaza de Cremona, que une el picante de las especias con la dulzura del azúcar (o del mosto, que le da nombre): también es cocina medieval. Piensen en los timbales de macarrones (pastaflora dulce con pasta salada aromatizada con especias dulces en el interior), tradicionales en muchas regiones y ciudades italianas. Piensen en la pimienta y el azúcar del *panpepato*[12] y en su azúcar. Para ir aún más lejos, piensen en el agridulce de la cocina china, en el pichón glaseado con miel de tradición marroquí: todos ellos son cocina medieval. La cocina del contraste no es más que búsqueda del equilibrio, del punto cero en el que las distancias entre sabores se anulan.

Esta «estructura del gusto», que corre paralela a la ciencia dietética y, de algún modo, a la filosofía y la visión del mundo, se ha modificado por completo en los últimos dos siglos en Europa, comenzando por Francia e Italia, y constituye para nosotros la mayor barrera a la comprensión de una realidad muy diferente de la nuestra.

Otra característica básica de la gastronomía premoderna, que la mantiene alejada de nosotros, es la extremada contención en el uso de grasas. La cocina de hace quinientos años era una cocina fundamentalmente magra, que para confeccionar las salsas, inevitable acompañamiento de carnes y pescados, utilizaba sobre todo ingredientes ácidos: vino, vinagre, zumo de cítricos, agraz (zumo de uva amarga), mezclados con miga de pan, hígado, leche de almendras y huevos. Las salsas grasas, a base de aceite y mantequilla, que resultan más familiares para nuestro gusto —como la mayonesa, la besamel y todas las salsas típicas de la cocina burguesa de los siglos XIX y XX— son invenciones modernas, posteriores al siglo XVII, que han modificado profundamente el gusto y aspecto de las comidas. Si tuviésemos que proponer un paralelismo actual con la cocina medieval europea, tendríamos que pensar más bien en las salsas (sin grasa, totalmente desprovistas de lácteos o de aceite) de la cocina japonesa y del sureste asiático.

[12] Pan de especias. (N. de la T.)

Incluso las técnicas de cocción seguían esta tendencia a superponer y amalgamar los sabores, en vez de distinguirlos y descomponerlos. Cocer, asar, freír, estofar y brasear eran —obviamente— modos diferentes de cocinar, pero también, en muchos casos, momentos diferentes de un mismo proceso de cocción, superpuestos y por así decirlo «acumulados», como fases sucesivas de la misma preparación. A veces esto podía responder a exigencias de naturaleza práctica: el hervido preliminar de las carnes —una usanza que se conservó al menos hasta el siglo XVIII— servía también para conservarlas hasta que fueran elaboradas y concluidas. Podía ser también un modo de hacerlas más tiernas. Pero, como para cualquier otra elección gastronómica, era también una cuestión de gusto: entrecruzando técnicas diferentes se obtenían sabores particulares y originales consistencias del alimento. Este último fue un elemento muy apreciado por la sensibilidad antigua y medieval, acostumbrada a una relación táctil con los alimentos mucho más acentuada que la nuestra, tanto desde una óptica gustativa como en la relación física con los alimentos, manipulados directamente, sin intermediarios: reduciendo al mínimo el uso de los cubiertos. Solamente la cuchara era verdaderamente necesaria para los alimentos líquidos.

El tenedor apareció como forma de extremado refinamiento de las costumbres sociales (muy discutido) o como necesidad, para acostumbrarse a comidas como la pasta, muy calientes y escurridizas, que difícilmente podían comerse con las manos. Por este motivo aparece en Italia antes que en otros lugares, porque fue allí donde, ya en los últimos siglos de la Edad Media, se afirmó la cultura de la pasta. Pero para las carnes, el uso del tenedor seguía pareciendo antinatural e higiénicamente discutible.

Finalmente, nuestra relación con la comida fue radicalmente modificada desde que, hacia mediados del siglo XIX, se difundió el llamado *servicio a la rusa*, es decir, la costumbre de servir a los convidados una sucesión de platos fijados con anterioridad e igual para todos: lo que sucede en la actualidad con toda normalidad y nos parece obvio. El modelo que se había seguido hasta entonces era muy diferente, más parecido al que encontramos aún hoy en China, Japón y otros países del mundo: los alimentos se sirven en la mesa simultáneamente, y cada invitado los elige y ordena según su propio gusto. En las comidas simples se trata de un servicio único; en las más complejas y prestigiosas, de una serie de servicios sucesivos, calientes («de cocina») o fríos («de bufete»), más o menos numerosos y a su vez compuestos de alimentos más o menos abundantes, según la importancia y la riqueza del banquete. En cualquier caso, son los comensales los que deben elegir a placer y según su propia necesidad (dos nociones que, como hemos visto, la ciencia dietética premoderna tendía a acercar, interpretando el deseo como revelador de una necesidad fisiológica).

## DIVAGACIÓN: EL JUEGO DE LA COCINA HISTÓRICA

En los últimos años se ha difundido por todas partes, especialmente en Italia y en Europa, la moda de la cocina histórica, quizá propuesta en edificios también históricos, para la curiosidad de turistas y alegría de animadores culturales. Triunfa sobre todo la cocina «medieval» (entre comillas porque, en muchos casos, el Medievo no es una auténtica referencia histórica, sino simplemente un nombre sugestivo que nos transporta a un pasado indefinible en sus límites cronológicos). El historiador no puede sino preguntarse: ¿tiene sentido todo esto? ¿Es posible reconstruir el gusto culinario de una época tan cercana, cuyos restos nos rodean por todas partes y sin embargo tan lejana en las referencias «estéticas» de base?

El problema clave es el de encontrar el límite entre comprensión y adaptación, reconstrucción y reelaboración, estudio filológico y trabajo práctico en la cocina. Digámoslo sin ambigüedad: el límite es difícil de identificar a priori y, por decirlo de algún modo, en frío. Solo la sensibilidad y la experiencia de quien trabaja en este ámbito pueden situarlo convenientemente aunque de manera precaria, dado que si la cultura gastronómica de los siglos pasados se puede estudiar y reconstruir con una cierta credibilidad, el paso al plano práctico de la experiencia (las sensaciones individuales de los sabores) es completamente veleidoso. El objeto ha cambiado (los productos de hoy no son los de hace mil años, aunque lleven el mismo nombre), y lo que más importa es que ha cambiado el sujeto: los consumidores no son los mismos y su educación sensorial es muy diferente. Una situación desesperante para quien presuma de alcanzar un resultado históricamente plausible. Es como cuando se escucha el *Ars nova* del siglo XII o las innovadoras melodías de Guillaume de Machaut en la reconstrucción filológica de los estudiosos de música antigua: por mucho que nos esforcemos, no lograremos extrapolar de nuestro cerebro la experiencia de Bach, Mozart y Beethoven (o de Stravinski o de Schoenberg) y no podremos entonces revivir la experiencia de quien, hace unos siglos, escuchaba el *Ars nova* y a Machaut como experiencia vanguardista. En el plano intelectual la *full immersion* en el pasado puede funcionar en cierto modo; en el plano emocional es técnicamente imposible.

En realidad, desde el punto de vista de la emoción subjetiva, la fidelidad filológica al texto no tiene por qué ser el mejor modo de reconstruir la sensación de un tiempo. Podría suceder incluso lo contrario: que el máximo grado de adaptación —sabiamente controlado— resulte finalmente más fiel que la fidelidad formal. Un solo ejemplo: el mortero es muy diferente de la batidora eléctrica y también son diferentes las consistencias que se obtienen con los dos instrumentos; pero respecto a nuestra experiencia, el instrumento que sirve para «triturar bien» los alimentos es la batidora, como el mortero lo era en la Edad Media. Las dos sensaciones, objetivamente distantes, podrían coincidir desde el punto de vista subjetivo. De todos modos, nunca lo sabremos. Y lo que es válido para las técnicas es válido para los sabores: los alimentos «demasiado» especiados en la Edad Media no lo eran para los hombres de aquella época. Lo mismo ocurre en el modo de alimentarse: comer con las manos, como deberíamos hacer para imitar las costumbres medievales, no forma parte ya de nuestra experiencia (mientras que en otras culturas, como la del cuscús marroquí, se mantiene. Una vez más el Magreb podría ser la imagen viviente de la realidad medieval). Nosotros ya no somos capaces de hacerlo o, quizá, lo practicamos como una costumbre exótica. En la Edad Media era normal, para nosotros ya no lo es (a pesar de la infracción a la regla que practicamos de vez en cuando en el McDonald's, cuyo éxito parece debido también a la recuperación y adaptación de experiencias históricas).

De todos modos, tendremos que conformarnos con aproximaciones, con una curiosidad destinada a permanecer en la epidermis, incluso cuando intelectualmente está alerta y preparada. Como cuando viajamos a países lejanos y tratamos de comprender —aunque obviamente no podemos compartir— culturas diferentes de la nuestra. La propuesta podría ser la de jugar a la cocina histórica, respetando algunas reglas (no hay juego sin reglas) pero sin caer en la presunción de la reconstrucción filológica, en la receta propuesta como auténtica. Esto, además de procurarnos falsas emociones, no sería posible en la mayoría de los casos, dado que los recetarios medievales a menudo olvidan precisar las cantidades, las dosis de los ingredientes (no por imprecisión, sino porque se dirigen a un público de expertos o de profesionales). Pero, sobre todo, reconstruir la receta auténtica sería una veleidad contraria no solo al arte de la cocina, que es sobre todo arte de la invención, sino también al espíritu más auténtico —esta vez sí— de la tradición histórica a la que nos referimos en nuestros experimentos. La increíble cantidad de variantes que se encuentran en los recetarios medievales para comidas con un mismo nombre no es solo expresión de variedad regional o local, que también son importantes en la definición de modelos de cocina, sino también la metáfora del principio base que cada cocinero debería seguir, y no solo en la Edad Media: «Por estas cosas que se han dicho —dice un texto italiano del siglo XIV— el buen cocinero será docto en todas ellas, según la diversidad de reinos, y podrá variar o colorear los manjares como a él le parezca».

## EL GUSTO ES UN PRODUCTO SOCIAL

Si todos los comportamientos alimenticios pasan por un momento de elección, los mecanismos a través de los cuales se realiza dicha elección son aún diferentes, y si queremos hablar de los «modelos del gusto», de cómo se crean y se modifican con el tiempo, hay una pregunta que debemos hacernos: ¿el gusto de quién? Está claro que el hambre (de muchos) y la abundancia (de pocos) difícilmente llevan a las mismas elecciones y que, si todos tienen derecho a transformar en placer la necesidad del sustento cotidiano, las modalidades con las que todo ello se verifica son más bien diferentes entre sí.

El antropólogo Marvin Harris, defensor de un materialismo rígidamente utilitario, sostiene que las opciones alimenticias de los pueblos y los individuos están siempre determinadas por un cálculo (más o menos consciente) de las ventajas y desventajas consiguientes: a fin de cuentas, todos los regímenes alimenticios —incluidos los que practican la antropofagia— serían más prácticos y económicos e históricamente posibles en aquellas determinadas condiciones, porque en cada sociedad los alimentos preferidos serían siempre aquellos «que hacen inclinar la balanza hacia los beneficios prácticos, respecto a la del coste»: de ahí las costumbres alimenticias, de ahí la valoración de determinadas comidas como buenas o malas. Lo que es «bueno para comer», o sea, lo que conviene comer, se convierte históricamente, según Harris, en «bueno para pensar», el valor cultural positivo. Pero todo ello funciona —dentro de ciertos límites— solo si hablamos de las clases inferiores y de su hambre, nunca satisfecha del todo. Está claro que sus costumbres, y por lo tanto sus gustos, están determinadas por la facilidad de obtener el producto, por su idoneidad para ser conservado y elaborado, por su capacidad para llenar, alejando el angustioso mordisco del hambre. Así se explica el gusto popular por los farináceos: cereales, legumbres, castañas —comida «de relleno». Se explica también el gusto, más reciente, por la pasta o las patatas.

Primera objeción: no siempre ocurre que las costumbres alimenticias correspondan al gusto de los individuos. Sobre ello ha insistido mucho Jean-Louis Flandrin: una cosa es comer algo, esporádicamente o incluso habitualmente, y otra es apreciarlo. Los campesinos europeos, que durante siglos han consumido pan oscuro hecho con cereales inferiores como el centeno, la espelta o la cebada, han desarrollado una congruencia psicológica y fisiológica con ese tipo de comida; pero eso no quiere decir que no hayan deseado siempre comer pan blanco de trigo, como los señores y ciudadanos. Solo el ansia y el aburrimiento de los ciudadanos ricos han transformado aquel pan pobre (el pan oscuro) en comida de élite, promoviéndola en las herboristerías y en tiendas de especialidades gastronómicas como una nueva imagen de un pasado que nunca existió, de una ruralidad incorrupta y feliz que los campesinos nunca han conocido. Y aquí sería difícil distinguir la sinceridad —en las papilas gustativas— del aprecio de los consumidores ricos por estas comidas rústicas: la sospecha es que se comen porque la idea que se han hecho de ellas les hace sentirse buenos. La dirección del recorrido establecido por Harris —de la costumbre al gusto, del comer al pensar— podría invertirse.

De hecho, si invertimos la óptica social de referencia y pasamos del contexto de la pobreza al de la riqueza, el mecanismo de formación del gusto parece también invertirse. El objeto del deseo ya no es la comida abundante, sino la rara; no lo que más llena y aleja el hambre, sino lo que nos apetece e invita a comer más. Ciertos hedonistas del siglo XVI —por citar un ejemplo curioso— solían comer la ensalada a la mitad de la comida, para volver a encender el apetito perdido, porque esta «aguza e incita el apetito»; estaban «demasiado ávidos de comida» y contradecían las normales reglas dietéticas, que sugerían servir la ensalada al principio. La nota es del botánico de las Marcas Costanzo Felici, al que el comportamiento de estos glotones le parece deplorable. En cuanto a la fascinación por la comida exótica, el ejemplo más notorio es quizá el de las especias, que en la Edad Media tuvieron un éxito extraordinario en la mesa de las clases dominantes, mientras que fueron abandonadas durante el siglo XVII, cuando la mayor oferta del mercado y la consiguiente caída de los precios las hicieron accesibles a un mayor número de consumidores. Llegados a este punto, las especias ya no eran indicativas de la distinción social, por eso las élites buscaron nuevos motivos de distinción —en la mantequilla, en la pastelería o incluso en las verduras frescas de la huerta: una «recuperación» de modelos alimenticios campesinos culturalmente análoga, en su ambigüedad, a las actuales «recuperaciones» de las dietas pobres.

La antieconomicidad parece ser entonces un motor importante en el proceso de formación del gusto de las clases altas, por el simple motivo de que, como escribía san Isidoro de Sevilla (siglo VII) a propósito de la alubia, «todo lo que abunda es vil». Otro buen ejemplo es el de la fruta fresca, un producto particularmente delicado y perecedero que durante mucho tiempo se ha relacionado con imágenes de lujo y riqueza: en particular en los últimos siglos de la Edad Media y los primeros de la Edad Moderna la fruta estuvo de moda en las mesas ricas, estableciéndose como una característica de la «glotonería señorial». Y dense cuenta de que, en este caso, la elección se contraponía a las indicaciones de los médicos: la ciencia dietética del momento desconfiaba de la fruta, que se consideraba generadora de humores fríos y húmedos dañinos para los procesos digestivos. Y sin embargo la moda se prolongó: el imaginario, como ocurre a menudo, triunfó sobre la razón.

## DIME CUÁNTO COMES...

Jacques Le Goff ha escrito que en la Edad Media la comida era «la primera ocasión para los estratos dominantes de la sociedad de manifestar su superioridad»: a través del lujo y la ostentación alimenticia expresaban «un comportamiento de clase». Esta actitud se justifica por el hecho de que, entonces, la primera preocupación de los hombres (podríamos decir obsesión) era cómo encontrar los recursos: en este contexto, la abundancia de comida señalaba por sí misma una situación de privilegio social y de poder. Sin embargo, no fue una realidad exclusivamente medieval: todas las sociedades y las culturas tradicionales han estado marcadas por el hambre o el miedo al hambre, que, aunque puede convertirse en auténtica (años de carestía, de epidemia, de guerra: los tres flagelos por los que se imploraba la protección divina), se queda a menudo en simple miedo —entendido no solo como postura psicológica de cada individuo, sino, y sobre todo, como realidad culturalmente compartida, como atención colectiva que se refleja en los gestos, en las decisiones y comportamientos. Esta necesidad de comida funcional para la supervivencia cotidiana —una noción muy simple que en la actual sociedad de la abundancia puede pasar a un segundo plano— se traducía sobre todo en un deseo de cantidad: el deseo de llenar el estómago y de tener la despensa bien equipada. El resto, la calidad, importaba obviamente mucho, pero venía después.

Por eso el poderoso se definía en primer lugar como un gran comedor. Según la historia de Liutprando de Cremona, en el año 888 el duque Guido de Espoleto fue rechazado como rey de los francos porque se supo que comía demasiado poco: «no puede reinar sobre nosotros quien se contenta con una comida modesta», afirmaron en una ocasión sus electores. Lo que es como decir que el hecho de comer mucho, de lograr consumir más comida que los demás, no era la simple consecuencia de una situación de privilegio (un poder hacer), sino que era una especie de obligación social, un deber hacer, una norma del «comportamiento de clase» que el señor no podía ignorar, so pena de poner en duda el orden constituido. La cuestión estaba ligada también a una concepción física y muscular del poder, que veía en el jefe sobre todo a un valeroso guerrero, el más fuerte y vigoroso de todos, el más capaz, por tanto, de engullir enormes cantidades de comida, señal (y al mismo tiempo instrumento) de una superioridad casi animal sobre sus semejantes. En efecto, la onomástica del guerrero se toma prestada del mundo animal: lobos, osos, leones y leopardos se cuentan entre las filas de la nobleza medieval. Notemos que todos ellos son animales carnívoros. Y el guerrero noble debe su fuerza y coraje sobre todo a la carne, según una imagen cultural y al mismo tiempo simbólica y «científica» que asigna principalmente a este tipo de comida la capacidad de nutrir el cuerpo, de consolidarlo muscularmente, de conferir al guerrero, con la fuerza, la legitimidad de mando. Una imagen simbólica, porque comer carne significa matar animales, y para la nobleza, sobre todo caza, abatida tras agotadoras persecuciones y auténticos duelos que simulan, en las estrategias y en el uso de las armas, la práctica de la guerra. La caza sirve como adiestramiento para la actividad militar y, además, proporciona los alimentos que dan la fuerza para combatir: el círculo está perfectamente cerrado, incluso en el plano técnico. La ciencia dietética lo confirma a su vez, identificando en la carne la comida humana por excelencia, la comida del ciudadano, del soldado —imagen que se sublimaba en el mito del general agricultor Cincinato. El nuevo mito medieval es el del soberano cazador. Con el paso de los siglos la cuestión de la cantidad de comida como indicador de poder y prestigio social se plantea de modo diverso. El mismo poder está concebido de otro modo: ya no es manifestación de una fuerza física que debe demostrarse siempre y conquistar sobre el campo de batalla, sino un derecho adquirido, legítimo ejercicio de una función destinada por vía hereditaria. El paso de una «nobleza de hecho» a una «de derecho» —expresiones acuñadas por Marc Bloch para indicar los dos modelos sociales diferentes que caracterizan respectivamente la Alta y la Baja Edad Media— encuentra respuesta inmediata en los modelos alimenticios: comer mucho era una capacidad, la demostración de una superioridad física sobre los semejantes; con el tiempo se transforma sobre todo en un derecho, que se puede (pero no necesariamente se debe) ejercitar. Desde entonces lo importante no será consumir más comida que los demás comensales, sino tener a su disposición más cantidad sobre la mesa (para después distribuirla a los compañeros, los invitados o incluso a los perros). El lenguaje de los alimentos desarrolla entonces un contenido cada vez más ostentoso, escenográfico y teatral: entre los siglos XIV y XVI, e incluso en los sucesivos hasta llegar a la época contemporánea, es este el carácter distintivo del privilegio alimenticio, fijado por ceremoniales de corte muy rígidos, incluso aritméticos. Pedro IV de Aragón quería que se señalasen en la mesa, con precisión numérica, las diferencias de rango: «Porque en el servicio es justo que algunas personas sean más honradas que otras, según la condición de su estado —como leemos en las *Ordinacions* de 1344—, queremos que en nuestra bandeja se coloque la comida necesaria para ocho personas»; en la bandeja de los príncipes, los arzobispos y obispos se colocará comida para seis; en las de los demás prelados y caballeros que se sientan en la mesa del rey se colocará comida para cuatro personas. Aún en el siglo XIX, en la corte napolitana de los Borbones, eran válidas las reglas inspiradas en la misma lógica.

Sin embargo, la formalización de las cantidades no excluye el mucho comer como atributo de las clases dominantes: la difusión de la gota en la aristocracia europea de los siglos XVII y XVIII es una especie de enfermedad profesional, ligada a modalidades de consumo (demasiada comida, demasiada carne) que dependían más del conformismo social que del gusto personal. Conseguía, como ideal estético, una admiración por los cuerpos robustos: estar gordos es bello, es símbolo de riqueza y bienestar. Como proclama la protagonista de una comedia de Goldoni: «Si queréis ser mío, os quiero bello, gordo y robusto». Pero aún en nuestros días, ¿quién no ha escuchado decir a una abuela: «Qué gordo y hermoso»? De este modo se explican también usos lingüísticos que medidos con la cultura actual sonarían paradójicos: la rica burguesía florentina que en la Edad Media celebraba su triunfo económico y político definiéndose «pueblo grueso»; o la ciudad de Bolonia, que durante siglos liga la promoción de su propia imagen al adjetivo *gorda*.

No faltan indicios de comportamientos diferentes: también la delgadez y la esbeltez pueden ser una virtud, e incluso existían dietas adelgazantes con fines no ligados a la salud (de estas ya había hablado en época romana el médico Galeno, que incluso les dedicó un tratado) sino a la estética. Pero en las culturas premodernas son fenómenos marginales y culturalmente reprobados (a menos que se trate de ayunar para alcanzar la santidad, como hacen los ascetas del desierto y las selvas). Cuál era el ideal estético más apreciado socialmente pueden sugerirlo las formas redondas de los desnudos en las esculturas y pinturas del arte griego, romano, renacentista y barroco. No es que se persiguiese la obesidad, pero el cuerpo delgado no suscitaba deseo. «De los delgados hay que desconfiar», escribe Shakespeare en una de sus obras. El valor de la delgadez, conectado al de la rapidez, la productividad y la eficiencia, se propone como el nuevo modelo cultural y estético solo durante el siglo XVIII, por obra de los intelectuales burgueses que se oponían al «antiguo orden» en nombre de nuevas ideologías e hipótesis políticas. Al café, un nuevo producto que representará la bebida de la inteligencia y de la eficiencia, contrapuesta al ocio y la molicie de la aristocracia tradicional, se le atribuye una gran carga provocadora. Paralela es la oposición de lo delgado y lo gordo, y no es una casualidad que la bebida «subversiva» sea calificada por los médicos de la época como «seca» (según la clasificación galénica) y, por lo tanto, secante. Su sustitución por bebidas como el vino o la cerveza, bebidas «calientes» y ricas (como diríamos nosotros) en calorías, lleva también a un cambio de los cánones estéticos más difundidos. El puritanismo del siglo XIX, que retoma ciertos aspectos del espíritu penitencial cristiano medieval, contribuye también a relanzar esta imagen de un cuerpo delgado, esbelto, productivo: el cuerpo burgués, que se «sacrifica» por la producción de bienes y riquezas.

Poco a poco, ya durante el curso del siglo XIX y sobre todo en el XX, comer mucho y estar gordo deja de ser un privilegio y de transmitir una imagen de superioridad social. Frente a la progresiva «democratización» del consumo, impuesta por la lógica industrial de producción de alimentos, se admiten nuevas clases sociales en el festín. Y ya que, como nos ha enseñado Fernand Braudel, los placeres demasiado frecuentes pierden rápidamente su encanto, no hay que extrañarse si la revolución del consumo sugiere a las élites modelos nuevos de comportamiento, mientras la costumbre de comer y ostentar mucho, tradicionalmente propia de las clases altas, se redefine como práctica «popular» (de la mediana y pequeña burguesía, y después también del proletariado urbano y de los campesinos). A mediados del siglo XIX el milanés Giovanni Rajberti publica un tratado de buenas maneras destinado (primer caso en Italia) no ya a los nobles, sino a las clases medias: *El arte de convidar explicado al pueblo*. Al pueblo —precisa el autor— hay que educarlo, porque los señores ya saben cómo comportarse: una larga tradición de banquetes les ha enseñado bien. En cambio, al pueblo hay que enseñarle sobre todo la medida y el equilibrio: en la mesa de las clases populares, de hecho, «domina un cierto miedo a no poder rendir suficientes honores, por lo que entran en una especie de orgasmo que les hace olvidarse de aquella calculada y sabia medida que es el primer elemento de lo bello en cualquier arte. Por ello sirven platos en abundancia, muy condimentados y con un predominio de alimentos de índole sobradamente cálida y estimulante».

La época de los grandes comedores y los devoradores insaciables, que en un tiempo era atributo de las élites, permanecerá como una característica popular. Mientras tanto, los nuevos poderosos crearán otras formas de distinción: comer poco, sobre todo vegetales...

El modelo alimenticio y estético de la delgadez, enriquecido con implicaciones salutíferas, encontrará en Europa una amplia difusión durante la primera mitad del siglo XX, pero después de la experiencia devastadora de la guerra, que vuelve a traer el hambre, los modelos tradicionales triunfarán de nuevo: en los años cincuenta las figuras femeninas que destacan en los carteles publicitarios son casi siempre imágenes de cuerpos floridos y «llenos». Solo a partir de los años setenta vencerá la ideología de la delgadez, que indica en el plano cultural que la relación con la comida se ha invertido: el peligro y el miedo al exceso han sustituido al peligro y el miedo al hambre.

La abundancia de comida típica de las sociedades industriales posmodernas plantea nuevos problemas de difícil solución a una cultura históricamente marcada por el miedo al hambre y el deseo de comer mucho: los comportamientos y las actitudes estarán condicionadas, y la irresistible atracción por el exceso, que una milenaria historia de hambre ha impreso en los cuerpos y las mentes, comienza a rebelarse. En los países ricos las enfermedades por excesos alimenticios, que en un tiempo eran privilegio de unos pocos, se convertirán en un fenómeno de masa, y sustituirán a las tradicionales enfermedades de carencia. Nace entonces un nuevo tipo de miedo (*fear of obesity* lo han bautizado los estadounidenses) que invierte el miedo atávico al hambre y que, como aquel, actúa poderosamente sobre la psicología de los individuos, más aún que las circunstancias objetivas: las encuestas demuestran que más de la mitad de las personas que afrontan renuncias alimenticias porque creen padecer sobrepeso no lo padecen en absoluto. El nudo del problema parece ser la brecha abierta entre desarrollo económico y cultural: nos movemos en la época de la abundancia con unas herramientas mentales ancladas en el mundo del hambre. Un icono de esta contradicción podría ser el archipiélago de Tonga, en el Pacífico, la nación con la tasa de obesidad más alta del mundo, cuyo rey, Tuafa'ahau Tupuo IV, ha entrado en el *Guiness de los récords* como el «soberano más gordo del mundo». Tupuo IV, expresión y modelo de una sociedad tradicional abrumada por la abundancia de alimentos tras milenios de dificultades y deseos, ha tenido que rendirse ante los crecientes problemas de salud de sus súbditos y su personal, sometiéndose a una dieta severísima que en pocos meses le hizo pasar de 200 a 130 kilos, y promoviendo en el país (donde la gordura ha sido siempre un atributo de nobleza y prestigio social) un concurso de adelgazamiento patrocinado por el Gobierno. Este puede ser el símbolo de un equilibrio por reconstruir, de un desafío cultural destinado a crear un nuevo comportamiento respecto a la comida, a ser posible bajo el signo de la cordialidad recíproca.

## … Y LO QUE COMES

«Dime qué comes y te diré quién eres». Cuando Anthelme Brillat-Savarin escribía estas palabras (*Fisiología del gusto*, 1826) su perspectiva era sobre todo psicológica y comportamental: la manera de comer revela la personalidad y el carácter de un individuo. Aunque, si la colocamos en una perspectiva histórica, la frase asume valores más amplios, de naturaleza social (colectiva) antes que individuales. En las culturas tradicionales la calidad de la comida se entiende como la expresión directa del rango social, en ambas direcciones: el modo de alimentarse deriva de una determinada clase social y al mismo tiempo la revela.

También la calidad de la comida, además de la cantidad, tiene un fuerte valor comunicativo y expresa inmediatamente una identidad social. Esto es evidente en la cultura tradicional europea, construida durante la Edad Media. Por los textos, parece claro que el noble se califica sobre todo como consumidor de carne (y en primer lugar de caza, siendo esta, como hemos visto, el alimento más directamente conectado a la idea de la fuerza, en sentido tanto simbólico como técnico-funcional). La imagen del ciudadano, en cambio, está conectada a los frutos de la tierra: cereales y hortalizas, sopas y menestras son su comida «natural», al menos según la imagen que nos proporciona la literatura. En realidad sabemos que el campesino de la Alta Edad Media consumía también alguna ración de carne: el uso del bosque formaba parte de sus actividades cotidianas, la caza y el pastoreo le proporcionaban un significativo aporte alimenticio. Pero, con el paso del tiempo, el aumento de la población y el crecimiento de las superficies cultivadas, en detrimento de los pastos y los bosques, conllevó un fenómeno general de exclusión de las clases rurales del uso de estos recursos, que se convirtieron en prerrogativa exclusiva de los nobles. Con este, la caza y la carne en general, con excepción quizá del cerdo, que permaneció como un hecho en la percepción colectiva, una carne «para campesinos».

Otras cosas cambian con el paso del tiempo: a finales de la Edad Media la imagen de la nobleza y la práctica del poder no eran las mismas desde hacía algunos siglos. El noble no es solo el guerrero, y la fuerza (como hemos dicho) no es ya su atributo más significativo: se inventa la cortesía, se construye un modo nuevo de vivir y comportarse en sociedad. El signo de nobleza ya no será, desde aquel momento, solamente la capacidad de comer mucho, sino también (y sobre todo) la de saber distinguir lo bueno de lo malo, e incluso de limitarse, controlarse —una virtud que habría sido impensable un tiempo atrás como modelo de la aristocracia.

A esta «prueba» se somete, en las novelas caballerescas, el joven noble: dejar la comida que no es digna de su agrado, comprender de un solo vistazo cuál le «conviene» más.

Otras formas de identidad social influenciadas por la comida son las que se refieren a los religiosos, monjes y sacerdotes. También su estado implica un preciso código de comportamiento alimenticio. Los monjes, en particular, lo encuentran reflejado por escrito en las reglas, que condicionan cada gesto de su vida cotidiana. Una de las normas fundamentales es la exclusión de la carne de la dieta, parcial o totalmente, con más o menos excepciones, considerando todos los animales o solo algunos (a menudo, solo los cuadrúpedos); de todos modos, el caso monástico de los alimentos gira principalmente en torno a la carne —justo como el aristocrático. No es una casualidad, obviamente: aunque los motivos de este rechazo son múltiples y complejos, no se puede negar la voluntad de alejar, con la carne, un estilo de vida y de alimentación culturalmente identificado con el ejercicio del poder, de la fuerza, de la violencia. Negarse la carne significa alejar el halago del poder: por este motivo la mayor parte de los monjes proviene de la clase noble, y en esta «conversión» incluso el cambio de las costumbres alimenticias desempeña una función relevante. La importancia simbólica de la renuncia a la carne se refleja, por oposición, en la elección de alimentos «pobres» tomados en préstamo del mundo campesino como símbolo de humildad espiritual: las verduras, las legumbres, los cereales. Solo que en este caso se trata de una elección voluntaria, no de una obligación dictada por la pobreza, y en este elemento de voluntad reside todo el «valor» de la experiencia.

Incluso en el plano dietético, es decir, científico y no simbólico, la correspondencia es perfecta: la carne, que «nutre la carne» y refuerza el cuerpo, no conviene a quien ha hecho una elección de vida espiritual en perjuicio de las «bajas» exigencias corporales. Para ellos se elige una dieta «ligera», que aleje lo más posible la percepción gástrica de corporeidad y favorezca el acercamiento al cielo: por eso las reglas monásticas, aun excluyendo la carne como norma, a menudo hacen una excepción con las aves, porque vuelan, son más «altas» y «ligeras», más adecuadas para una dieta espiritual. Y el hecho de que, a partir de los últimos siglos de la Edad Media, los alimentos más apreciados por la aristocracia italiana y europea no sean ya los animales grandes como el ciervo, el jabalí o el oso, sino aves como el faisán o la perdiz, es un indicio del cambio cultural. Unos siglos antes habrían sido considerados comida «de monjes». Si llegados a este punto se convierten en la comida más exquisita de las mesas señoriales, es porque incluso los señores han cambiado: son menos guerreros, están menos ligados al ejercicio de la fuerza y más, en cambio, a la gestión administrativa y «política» del poder; a veces incluso a los intelectuales, artistas, músicos y literatos. En el siglo XVI el médico Castore Durante da Gualdo precisa —y es casi una versión laica de la intuición monástica originaria— que las aves son el alimento ideal para quien se dedica a las obras del ingenio y el intelecto.

El lazo entre consumo alimenticio y estilo de vida, definido según la jerarquía social, prosigue con modalidades diversas en los siglos contemporáneos. La cuestión de la calidad se precisa, dándose por descontado que el área del privilegio social se expresa en el derecho/deber de consumos cualitativamente mejores, pero aún sobreviven las correspondencias entre tipologías de alimentos (y bebidas) y tipologías de consumidores. Hemos visto que en la Europa del siglo XVIII el café estaba considerado como la bebida burguesa por excelencia, mientras el chocolate era más bien aristocrático (entendiéndose, con una contraposición ideológica claramente partidista, que el primero servía para mantener despierta la mente, para trabajar y producir, mientras que el segundo era una bebida placentera y ociosa). En el siglo siguiente, en cambio, el café ya se había convertido en una bebida popular en Francia, como el té lo era en Holanda e Inglaterra: los símbolos son un producto cultural y cambian de una época a otra así como de una sociedad a otra, paralelamente al cambio de los comportamientos concretos de la sociedad y de los individuos. El significado social de la patata, sin embargo, cambió en sentido inverso: los europeos del siglo XVIII no dudaban en considerarla como alimento de campesinos (cuando no de bestias), mientras que en el siglo siguiente entró con todos los méritos en la alta cocina burguesa y aristocrática.

Fenómenos análogos suceden ante nuestros ojos, con significados invertidos (ligados al paso de la sociedad del hambre a la sociedad de la abundancia) que llevan, por ejemplo, a considerar signo de alta calidad cultural y social productos tradicionalmente pobres y rústicos como los cereales inferiores (mijo, centeno, cebada y espelta), en un tiempo ligados a imágenes de hambre campesina y contrapuestos al trigo de los ricos, hoy en cambio ignorado en las dietas de élite. Es una de las formas de *revival folclórico* (como lo ha llamado el antropólogo Tullio Seppilli), o sea, uno de los modos con los que la sociedad contemporánea «recupera» el pasado alterando su significado: operación plenamente legítima si es practicada con el conocimiento de estar construyendo una cultura nueva; ambigua y mistificante si se la quiere hacer pasar por un simple recuerdo de lo antiguo.

## COMIDA Y CALENDARIO: ¿UNA DIMENSIÓN PERDIDA?

Un aspecto tradicionalmente fuerte de la cultura alimenticia, que hoy parece haberse perdido, es aquel que atribuía al alimento un valor significativo respecto al paso del tiempo. Las sociedades tradicionales asociaban inmediatamente la preparación y el consumo de este o aquel alimento a una determinada fecha del calendario: la Navidad tenía sus comidas, como la pascua; el carnaval no era cuaresma y el verano no era el invierno.

Pero atención: incluso en esta «calendarización» de los alimentos los aspectos culturales prevalecían sobre los naturales. El carácter cíclico de las estaciones encontraba una respuesta inmediata en el tipo de alimentación, e incluso los médicos (de Hipócrates en adelante) recomendaban esta correspondencia: comer y beber «frío» en los meses cálidos, comer y beber «caliente» en los meses fríos, con todas las variantes posibles de este juego ligado a la teoría de los cuatro humores. Sin embargo, ya hemos observado que esta sintonía entre hombre y naturaleza no siempre se percibía en términos positivos: el ciclo de las estaciones podía reservar sorpresas y el objetivo primario fue siempre el de modificar los alimentos para que se pudieran conservar más allá de su estación. Las élites, en cambio, ostentaban el consumo de frutas y verduras fuera de estación, haciéndoselas traer (frescas) desde muy lejos.

Otros ritmos, de algún modo artificiales, condicionaron de manera decisiva el calendario alimenticio y los ritmos nutritivos. El calendario litúrgico, del siglo IV en adelante, obligó a todos los cristianos a observar la distinción entre días y periodos «de ayuno» y «de carne», o sea, a consumir o no consumir productos y grasas animales, alternando, según los días, el tocino y el aceite, la carne y el pescado, el queso y las verduras. El calendario litúrgico reforzó la costumbre tradicional de señalar con ciertas comidas, a menudo dulces, las principales fiestas: pensemos en la pascua hebrea y en la cristiana. En la Italia meridional cada fiesta tenía su comida, y un escritor bien dotado de sentido del humor, el autor de Orvieto Simone Prudenziani, podía reírse de la excesiva piedad de algunas mujeres que no dejaban de celebrar ninguna fiesta:

> Se voi sapeste la divotione
> ch'ell'à nelle lasagnie di Natale,
> en le farrate ancor de Carnovale,
> nel cascio et huova della Sensione,
> nell'ocha d'Onnissanti et maccheroni
> del Giobia grasso et anco nel máyale

de Santo Antonio et ne l'agnel pasquale,
nol porrìa dire in sì piccol sermone.
Per tucto l'oro ch'è sotto a le stelle,
non lasciarebbe 'l dì de le Cenciale
senza mangiare un sacco di frittelle;
e ci vuole in più una gran quantità di vino dolce
e senza metterci acqua per niente,
perchè dice che cura ogni male. (*Saporetto*)[13]

Sin embargo, es posible (o más bien probable) que algunos de estos productos y estos alimentos se impusiesen también porque estaban ligados al calendario natural: el cordero en pascua es una referencia a la Biblia (como las hierbas amargas y el pan ácimo para los judíos), pero no se puede negar que no sea el momento «justo» para probarlo. Incluso comer carne de cerdo en la fiesta de San Antonio en enero es «económicamente correcto», porque la matanza del cerdo se celebra en esa estación. Lo mismo vale para muchas especialidades locales ligadas a determinadas fiestas del calendario religioso o civil. Sin embargo, no siempre se adapta a todos los alimentos (lasaña, macarrones, etcétera) y para muchos dulces a base de harina (*frittelle*, *panettoni*, etcétera)[14] que acompañan a lo largo de todo el año muchas fiestas,

[13] «Si usted supiese la devoción que tiene por las lasañas de Navidad y por las tartas de espelta de carnaval, en el queso con huevos de la Ascensión, en la oca de Todos los Santos y macarrones del Jueves Santo y aun por el cerdo de San Antonio y el cordero pascual, no lograría decirlo todo en tan pocas palabras. Por todo el oro que hay bajo las estrellas, no dejaría pasar la fiesta de los *cenci* sin comer un montón de buñuelos; y necesitaría además una gran cantidad de vino dulce sin aguar, porque dice que cura todos los males». (N. de la T.)

[14] Las *frittelle* son masas fritas, al estilo de los churros españoles, mientras que el *panettone* es una especie de bizcocho con trocitos de fruta confitada y uvas pasas. (N. de la T.)

pero no están ligados a una productividad estacional particular. Entonces son sobre todo las formas (los panes hechos de una u otra manera) y las guarniciones, o los rellenos, las que indican la diferencia. Pero ingredientes como las uvas pasas o la fruta confitada (que se usan para enriquecer los dulces de fiesta, junto a la canela y las demás especias dulces) no parecen sugerir tampoco una conexión con la estación, sino, al contrario, el uso en aquel momento de un producto que puede conservarse durante mucho tiempo. El *panettone* nos recuerda la Navidad no tanto por su forma como porque «se hace en esa época». Por este motivo, aún hoy no es fácil encontrar el *panettone* fuera de la época navideña. El valor antiguo del calendario alimenticio ya no es el mismo, pero se resiste a desaparecer.

## DE LA GEOGRAFÍA DEL GUSTO AL GUSTO DE LA GEOGRAFÍA

Entre las diferentes formas de identidad sugeridas y comunicadas por las costumbres alimenticias, una que hoy nos parece obvia es la del territorio: «comer geográfico», conocer o expresar una cultura de territorio a través de una cocina, de los productos, de las recetas, nos parece absolutamente «natural». Pero este lugar común tan consolidado según el cual la cocina de territorio es una realidad antiquísima, originaria, atávica, es una equivocación sobre la que es oportuno reflexionar atentamente. Ante todo, debemos distinguir entre productos y platos (las recetas), por un lado, y la cocina (entendida como un conjunto de platos y reglas), por otro. Los platos locales, ligados a productos locales, evidentemente existen desde siempre. Desde este punto de vista, los alimentos son por definición territoriales, sobre todo si pensamos en la cultura popular, ligada más directamente a los recursos de cada lugar. Pero incluso a un nivel más alto, cuando entra en juego la variante decisiva del mercado, la atención al producto «con denominación de origen» no es una novedad: desde Arquestrato de Gela, que en el siglo IV a. de C. enumeraba los tipos de pescado que se pueden pescar en el Mediterráneo, sugiriendo para cada uno de ellos la zona donde su calidad es óptima, hasta Hortensio Lando, que en su *Comentario de las cosas más notables y monstruosas de Italia y otros lugares* (1548) describe las especialidades gastronómicas y enológicas de muchas ciudades y regiones italianas, podría citarse una cantidad infinita de autores y de personajes que muestran cómo el conocimiento del territorio, de los ambientes y de los recursos locales ha sido siempre un dato esencial en la cultura alimenticia. El hecho es que estos conocimientos no encajan en una «cultura del territorio», en una voluntad de «comer geográfico» (expresión del geógrafo francés Jean-Robert Pitte), porque el objetivo del gastrónomo premoderno no era el de sumergirse en una determinada cultura, conocer un territorio a través de sus sabores, sino reunir todas las experiencias, acumular en la propia mesa todos los territorios posibles en una especie de gran banquete universal. Arquestrato, que cita todos los peces de todos los lugares, los desea todos juntos sobre una mesa. Roma es considerada por los escritores de la época imperial como el más grande imperio del mundo, donde todos los productos locales están presentes con una variedad de oferta amplísima, que pretende superar la dimensión local, ir más allá del territorio. Esta cultura sincrética significa, por lo tanto, que la mesa es un lugar sobre todo universal: según las posibilidades de cada uno —desde la mesa del emperador hasta la del más humilde campesino— el objetivo principal es recoger todos los productos posibles, todos los lugares imaginables en ese mágico lugar central que es una mesa bien puesta. En la Edad Media el mercado de Bolonia o el de Milán son conocidos no tanto porque en ellos se encuentren alimentos locales, sino por su capacidad de ser lugares de intercambio interregionales, e incluso internacionales. El mercado de París se organizó durante siglos del mismo modo y ha sido siempre igualmente conocido.

Lo mismo vale para los platos, o sea, para las especialidades locales. Como los productos, también existen quizá desde siempre ligados al territorio, a los recursos, a las tradiciones. Pero incluso en este caso se plantea, históricamente, un objetivo incongruente: no ya distinguir las especialidades y utilizarlas como signo identificador de culturas diferentes, sino agruparlas, confundirlas, mezclarlas. Es más evidente en la tradición antigua y también en la Edad Media: los libros de cocina de los siglos XIV y XV agrupan recetas de diferente proveniencia (o por lo menos de distinta atribución), romanas, trevisanas, pullesas, lombardas, etcétera. El cocinero italiano más famoso del siglo XV, el maestro Martino, nombra en su recetario las coles a la romanesca, la tarta boloñesa, los huevos a la florentina y otras muchas recetas locales. Prescindiendo de la plausibilidad de cada atribución, que puede ser fruto de la casualidad, de la ocasión o de la equivocación, no hay duda de que dentro de esta cultura lo que predomina es sobre todo unir, juntar diferentes experiencias —italianas pero también alemanas, francesas, catalanas, inglesas... Este modelo de cultura, que tiende a ser universal, se encuentra en todos los países europeos: hay una evidente afinidad de gustos y sabores entre las recetas de los libros italianos y las transalpinas.

Los platos y los productos locales no tienen en la Edad Media —como en la Edad Antigua y después en el Renacimiento— el objetivo de valorizar las cocinas territoriales (en la medida en la que existen). Solo con el paso del tiempo, muy lentamente, esta atención comienza a crecer. La inversión de tendencia se advierte cuando concluye la época del universalismo medieval y renacentista: se consolidan entonces las identidades nacionales y, en ellas, se precisan —aunque sería mejor decir «se construyen»— las identidades regionales. El orgullo de estas identidades crece sobre todo durante los siglos XVIII y XIX, cuando en Italia aparecen libros de recetas referidos a la cocina piamontesa o lombarda, cremonesa, napolitana o de Macerata. El *Apicio moderno* de Francesco Leonardo (1790) representa quizá el primer intento orgánico de reunir los usos regionales de la península, pero el hecho es que de regionales estos compendios de recetas tenían bien poco aún —si entendemos por *regional* los sistemas de cocina que hoy conocemos como tales.

La regionalidad como sistema es, en aquel periodo, una realidad *in fieri*. La más importante cadena de transmisión es el recetario publicado en 1891 por Pellegrino Artusi, *La ciencia en la cocina y el arte de comer bien*, una obra de extraordinario éxito, que conoció varias decenas de ediciones en más de cien años, y se colocó (junto a *Corazón* y *Pinocho*) entre los superventas más longevos de la literatura italiana. El objetivo declarado del libro es el de unir Italia (que se había creado hacía poco como un Estado unitario) también en la cocina: con este fin el recetario une, funde, transforma los fragmentos de culturas locales que se quieren dar a conocer a las burguesías urbanas del país en construcción. Artusi no siempre «descubre» las tradiciones locales; a menudo es él mismo el que las crea, las inventa, las plasma y adapta a un gusto medio que él mismo contribuye a crear de manera decisiva. Como ha escrito Piero Camporesi, el proyecto de unificación de Italia ideado por Artusi funcionó mejor que el proyecto lingüístico ideado por Manzini. Pero la unificación (y por tanto, en perspectiva, una cierta homologación de los gustos y consumos) se realizó a través de un mayor conocimiento y valorización de las peculiaridades locales, individuando las diferentes culturas, las distintas Italias bajo el signo de la curiosidad, del conocimiento y del respeto recíproco. Aun con límites evidentes —no todas las regiones están igualmente representadas en el recetario artusiano, y ciertas zonas faltan por completo—, la de Artusi fue una elección ganadora: las tendencias más apreciadas y cualificadas de la gastronomía nacional actual siguen esta línea. Además, esta elección encajaba perfectamente en la tradición cultural del «país Italia»: Bartolomeo Scappi, en el siglo XVI, proponía (a un público diferente y más limitado, el de las cortes aristocráticas) un modelo de cocina «italiano» construido desde un punto de vista privilegiado, la Roma pontificia en la que Scappi trabajaba como cocinero personal de Pío V. También él tenía en mente una dimensión interregional e interurbana, que comparaba y enlazaba realidades diferentes.

Es esta regionalidad (o mejor, esta dimensión local, que se agrega alrededor de las ciudades y a sus territorios) la que hoy crea la fuerza de la cocina italiana, la que la hace no solo competitiva, sino más actual que otras cocinas, como la francesa, históricamente creadas sobre un modelo unitario, nacional, de reglas culinarias. La debilidad de la Italia nación se ha transformado, a la larga, en un punto de fuerza.

El gusto de la geografía, por lo tanto, no pertenece al pasado. Solo durante el curso de los dos últimos siglos sucede una auténtica mutación cultural, por otra parte lentísima, que ha comenzado a invertir el criterio de evaluación. El momento de desarrollo de las cocinas que hoy llamamos *regionales* (atribuyéndolas, abusivamente, a arquetipos históricos que nunca han existido) es el siglo XIX, es decir, exactamente el periodo de la industrialización.

Parece una paradoja, pero no lo es: han sido justamente los procesos de homologación y de globalización de los mercados y los modelos alimenticios los que han provocado una nueva atención hacia las culturas locales, la invención —sobre la base de fragmentos entregados por la historia —de «sistemas» que nos gusta llamar *cocinas regionales*. No se puede decir que hayan nacido de cero, porque las diferencias locales han existido siempre, pero la territorialidad como noción y como dato positivo es un invento reciente.

Actualmente el territorio constituye un valor de referencia absoluto en las elecciones alimenticias. No hay restaurante de clase que no ostente, como elemento de calidad, la propuesta de una cocina ligada al territorio y a los alimentos frescos de mercado. Esta elección, sustancialmente innovadora aunque fundada sobre elementos tradicionales, se desarrolla en concomitancia con varios fenómenos, de carácter tanto económico como cultural. El primero, que apenas hemos recordado, es el crecimiento de la homologación que ha acompañado el desarrollo de la industria alimenticia: por reacción, esta ha generado su contrario, algo que sentimos llamar *redescubrimiento* (pero deberíamos definir solamente como *descubrimiento*) de las raíces —un concepto sobre el que habrá que volver. El segundo es la transformación del gusto, en parte ya cambiado en los últimos siglos: si las cocinas premodernas preferían los sabores artificiales, es decir, concebían la cocina como un laboratorio invasor respecto a la naturalidad del producto y su sabor original, a partir de los siglos XVII y XVIII se afirma (primero en Francia, como hemos visto, y después en otros países europeos) una nueva cultura de la naturalidad del gusto. El tercer fenómeno es la debilitación, con el paso de la sociedad del hambre a la sociedad de la abundancia, de un valor ligado al consumo alimenticio que había tenido siempre una importancia fundamental: el uso de la comida como instrumento de distinción social. En todas las sociedades tradicionales el modo de comer es la primera señal de diferencia entre los individuos y las clases. Pero en el momento en el que la comida se convierte en un bien difundido, este código alimenticio se empaña, mientras se afirma el valor del territorio como portador de una nueva diferencia: la comida geográfica. No habría sido posible elaborar una noción como esta en el interior de una sociedad y una ideología tan rigurosamente clasistas como las de la Europa premoderna. En la Edad Media nadie habría podido pensar en una comida de territorio porque la de *territorio* es una noción que anula, o al menos debilita, las diferencias sociales. En el momento en el que el paradigma de la cocina es el espacio, todos (en teoría) pueden ocuparlo, el señor y el ciudadano al igual que el campesino. Privilegiar la noción de *territorio* significa por lo tanto, desde un punto de vista cultural, haber superado la noción de *comida* como primer y principal instrumento de la diferencia. También por este motivo el concepto de *cocina de territorio* no puede ser antiguo.

## LA PARADOJA DE LA GLOBALIZACIÓN

La relación entre cocina de territorio y cocina internacional, entre un modelo local y un modelo global de consumo, es una de las cuestiones candentes de la cultura alimenticia contemporánea.

La cocina de territorio, como acabamos de ver, ha alcanzado solo hoy un estatuto cultural fuerte, pasando a través de un caso como el de la globalización alimenticia, que parecía conducir a soluciones opuestas. Es justamente esta la paradoja: en un mundo efectivamente fraccionado como el antiguo y el medieval, la aspiración era construir un modelo de consumo universal en el que todos (aquellos que podían permitírselo) se pudiesen reconocer. En la aldea global de nuestra época se afirman, en cambio, los valores de lo específicamente local.

El elogio de la diversidad, que normalmente acompaña la promoción de la cultura gastronómica, no es nostalgia del pasado, sino que mira sobre todo al presente y al futuro.

Si la cocina de territorio es esencialmente un invento moderno, la cocina internacional tiene en cambio (contrariamente a lo que se podría pensar) raíces antiguas. La romana mediterránea y la medieval europea eran cocinas universales, abiertas a todo el mundo conocido y frecuentado. Su diferencia respecto a los modelos actuales no estaba tanto en la tasa de internacionalidad (que, entonces como hoy, tendía a ser global) como en la amplitud del cuerpo social implicado: en una época estaba limitadísimo, circunscrito a una parte mínima de la población; hoy en día, aun no implicando a toda la sociedad, interesa a un porcentaje más alto de consumidores.

Hay que decir que las cocinas «internacionales» del pasado conocían infinitas diferencias locales. Por ejemplo, uno de los platos más célebres de la gastronomía medieval, el manjar blanco, que debía su nombre al hecho de estar compuesto por ingredientes todos de color blanco (harina de arroz, leche de almendras, miga de pan, pechuga de pollo o carne de pescado según el periodo litúrgico...), está presente en la mayor parte de los libros de cocina italianos y europeos, pero en un gran número de variantes, en total treinta y siete según el cálculo de Jean-Louis Flandrin, el cual ha mostrado que no existe ningún ingrediente común a las treinta y siete variantes transmitidas. Existen también variantes nacionales y regionales, sobre las que el mismo Flandrin ha insistido, reconociendo los orígenes antiguos de muchos gustos actuales.

Respecto a esta historia, durante el curso del último siglo la tendencia a la uniformidad de los consumos se ha hecho cada vez más fuerte y visible, ya sea por la multiplicación de los intercambios, ya sea por la afirmación de la industria alimenticia y de las multinacionales que controlan los mercados mundiales. Todos los italianos, todos los europeos consumen hoy Coca-Cola, zumo de naranja, filetes con patatas fritas, pasta, arroz y otras muchas cosas. El vino es cada vez más bebido en los países tradicionales de la cerveza, la cerveza es cada vez más bebida en los países tradicionales del vino. El pan blanco, que durante un tiempo era un producto de élite (con pocas excepciones), hoy se ha convertido en la norma de la mayoría de los países del mundo. La ración de carne ha aumentado en todos los lugares, incluso en los países mediterráneos, tradicionalmente ligados a modelos de consumo vegetal. Es como si la industria alimenticia hubiese creado un nuevo universalismo, esta vez no elitista sino de masa. La tendencia a la globalización de los consumos, que en un tiempo agrupaba a un estrato reducidísimo de la población (la aristocracia de las cortes, las altas burguesías urbanas), poco a poco se ha ampliado a estratos más amplios: la pequeña burguesía durante el siglo XIX o toda la población durante el siglo XX. Esta expansión social de la globalización no debe sin embargo hacernos olvidar su antigüedad como modelo cultural.

Encontramos restos del universalismo medieval en las propuestas de *worldfood* que nacen de una punta a otra del mundo. En un célebre restaurante de París, el Spoon de Alain Duchase, que la Guía Roja Michelin define como «planetario», se puede encontrar un menú redactado en inglés y subtitulado en francés, con tres listas de comida entre las que el cliente puede elegir libremente, componiendo él mismo los platos (un poco como sucedía en los banquetes de la Edad Media o el Renacimiento, cuando sin embargo la elección no se hacía a la carta, sino con repertorios reales de alimentos): la primera columna enumera los diferentes tipos de pescados y carnes, que se proponen crudos, poco hechos o cocinados de cualquier modo posible; la segunda son los acompañamientos; la tercera, las salsas. El cliente puede combinar el plato de la manera que más le guste (como en algunos libros infantiles, donde se pueden construir imágenes divertidas o monstruosas eligiendo cada segmento entre numerosas variantes) y realizar platos cruzados que pueden ser *italoindojapomexicanos* o cualquier otra variante. Incluso la vajilla es intercambiable y es posible utilizar, según el humor del momento, cubiertos o palillos. Los vinos y las aguas minerales provienen de todo el mundo. Es quizá el último estadio de una «globalización cambista» (J.-R. Pitte) que no propone un modelo único de consumo, como McDonald's u otros grupos de difusión mundial, pero mezcla todas las cosas que logra concentrar en la mesa.

Sin embargo, las diferencias no se eliminan por esta ola de globalización radical. En el interior de Europa persiste una compleja geografía de costumbres alimenticias, como por ejemplo en el uso de la cerveza y el vino, que están mezclándose, es cierto, pero siguen teniendo una naturaleza de fuerte identidad para las gentes del centro norte (la cerveza) y del centro sur (el vino). Persisten incluso parcelas de consumo de la sidra, que se pueden superponer exactamente a las que se delinearon durante la Edad Media, en el sur de Inglaterra y en el norte de Francia. Aun condicionadas por la homologación de los consumos, las características locales permanecen enraizadas en los usos, quizá sobre todo a nivel popular.

El uso de los cereales y la carne en la Edad Media e incluso hoy en día era diferente de región en región. El pan se ha convertido en un alimento común, pero solo en los países mediterráneos, acostumbrados desde la Antigüedad a considerarlo un producto fundamental de la subsistencia cotidiana, conserva una condición de absoluta obviedad. Tanto que, en cualquier lugar público de restauración, está incluido en el llamado *cubierto*, mientras que en muchos países del norte (salvo excepciones determinadas por adopción de costumbres «mediterráneas») hay que pedirlo expresamente. La misma noción de *acompañamiento*, que asignaba a los demás alimentos la función de acompañar al pan, reconoce implícitamente a este último una función prioritaria y pujante, que parece ser una característica exclusiva (en el uso lingüístico y en las tradiciones culturales) del área románica. El término *acompañamiento* se encuentra solo en las lenguas neolatinas y no en las germánicas, que expresan tradiciones culturales diferentes, en las que, a pesar de todas las mezclas posibles, el punto de partida del sistema alimenticio (en el sentido material y al mismo tiempo mental) es otro: no el pan, sino la carne.

Pero debemos hacer aún otra observación: a pesar de ser recurrentes en la gastronomía de diferentes países o de diferentes regiones, comidas y bebidas nunca son idénticas. Por ejemplo, el chocolate se endulza de manera diferente según los países. Cuando el chocolate suizo está destinado al mercado francés, se endulza menos para responder a un gusto diferente (y es curioso que desde la Edad Media los franceses hayan mirado a los demás pueblos, sobre todo a los italianos, como gentes de gusto demasiado dulce, que beben vinos demasiado dulces y ponen demasiado azúcar en la preparación de las comidas). Otro ejemplo es el café. Se bebe en todo el mundo, pero se prepara de manera diferente en cada país (podríamos decir en cada región). La misma Coca-Cola, símbolo por excelencia de la homologación de los gustos, no tiene el mismo sabor en todos los lugares, sino que se adapta a lo que los estudios de mercado identifican como gustos específicos en determinadas regiones.

Finalmente, y sobre todo, es diferente la función de los alimentos, el lugar que ocupan en la estructura de las comidas, entendiendo por *estructura* el hecho de que los alimentos no son células que vagan ensambladas de manera casual, sino unidades de significado que desempeñan una función precisa dentro del sistema alimenticio. La pasta en Italia constituye, casi sin excepciones, un plato en sí mismo. En otros países se usa como acompañamiento de la carne o de otros alimentos, lo que suscita escalofríos de horror en muchos puristas, a los que sería útil recordar que en la Edad Media y el Renacimiento este era el modo de empleo de la pasta, incluso en Italia.

Es más, la cerveza en algunos países es una bebida que acompaña a toda la comida; en otros países, como España, tradicional país del vino, es protagonista de una función diferente, porque normalmente se bebe antes de la comida, para acompañar a la infinita serie de tapas que los españoles adoran consumir antes de sentarse a la mesa para disfrutar de la «auténtica» comida, acompañada esta vez por el vino. En este caso existe un traslado de la cerveza fuera de las comidas. Incluso en Italia el consumo de cerveza está creciendo, pero si la cerveza en las pizzerías es ya una presencia obvia, no lo es en una comida «en toda regla» de carne o pescado, o con un plato de pasta.

Sobre el lugar que ocupa cada alimento o plato dentro del sistema de la comida, destacamos el caso de la hamburguesa (otro tópico del universalismo gastronómico), traída desde Disneylandia, en Estados Unidos, hasta Eurodisney, en Europa. El modelo organizativo para la producción de hamburguesas, exportado exactamente como se podía encontrar en California o Florida, no ha funcionado en París por un motivo simple y fundamental: los visitantes de Eurodisney sí que aprecian las hamburguesas, pero solo a la hora de comer, mientras que los estadounidenses las consumen sin horario, de la mañana a la noche. Esta situación ha creado notables dificultades, porque un personal dispuesto con el objetivo de servir hamburguesas durante todo el día resulta excesivo para las exigencias de la mañana y la tarde, e insuficiente a mediodía, cuando se creaban colas interminables de personas que esperaban el *déjeuner*. La hamburguesa ha sido aceptada, pero solamente después de haberse transformado en una comida normal, convertida en la sustituta del bocadillo o del filete. El objeto, trasladado de una cultura a otra, ha sido reelaborado y reposicionado en una lógica diferente de la de partida.

Además, es obvio que las estrategias de mercado de McDonald's están dirigidas a una diversificación sensible de la oferta y de los sabores en los varios ámbitos nacionales o regionales. Algunas campañas publicitarias recientes tienden incluso a conferir a la marca una nueva imagen «mediterránea» y «vegetariana».

La diversidad no parece de todos modos destinada a desaparecer, sino incluso a acentuarse en el contexto general de la globalización, que ha cargado de nuevos significados la atención al descubrimiento o invención de las identidades alimenticias. De todos modos, las consideraciones que hemos hecho nos llevan a estimar que la cocina global y la local pueden coexistir (es más, una de ellas ha creado a la otra), dando origen a un modelo inédito de consumo que algunos sociólogos han llamado *glocal*. Porque las identidades, además de ser mutables en el tiempo, son múltiples: el hecho de que sea ciudadano del mundo no me impide ser ciudadano europeo, ciudadano italiano, ciudadano de mi ciudad, ciudadano de mi familia y así sucesivamente. Cada una de estas identidades tiene una particular forma de expresión alimenticia que, a pesar de las apariencias, no se contrapone a las demás, sino que convive con ellas: no existe ninguna contradicción entre comer en el McDonald's y, en la siguiente comida, desear los tallarines caseros o la excelente receta de la casa de comidas popular. En esos momentos, con esos gestos aparentemente contradictorios, tan diferentes en contenido y significado, expresamos dos identidades diversas que nos definen.

# Comida, lenguaje, identidad

## COMER JUNTOS

Comer acompañados es típico aunque no exclusivo de la especie humana: «Nosotros —hace decir Plutarco a un personaje de sus *Disputas convivales*— no nos invitamos unos a otros para comer y beber simplemente, sino para comer y beber juntos». Los gestos que se realizan con otras personas tienden a salir de la dimensión simplemente funcional para asumir un valor comunicativo, la vocación social de los hombres se traduce inmediatamente en la atribución de un sentido a los gestos que se hacen comiendo. De este modo, la comida se define como una realidad exquisitamente cultural, no solo respecto a la propia sustancia nutritiva, sino también al modo de asimilarla y a todo lo que la rodea. Sustancia y circunstancia asumen un valor significativo, normalmente conectadas entre sí porque el «lenguaje de la comida» no puede prescindir —a diferencia de los lenguajes verbales— de lo concreto del objeto, del valor semántico intrínseco, de algún modo predeterminado, del instrumento de comunicación. También puede ocurrir, como observó Roland Barthes en un ensayo sobre la psicosociología de la alimentación contemporánea, que la circunstancia se defina de manera tan autónoma que entre en conflicto con la sustancia nutritiva del alimento: el café, alimento excitante, puede asumir un valor social opuesto cuando se une a la noción y a la práctica del relax, de la pausa entre dos momentos de trabajo.

Barthes sostenía que estos valores «de circunstancia» son típicos de la época contemporánea, ya que la comida, en la sociedad de la abundancia, tiende a debilitar su valor propiamente nutritivo para enfatizar en cambio los demás significados, por así decirlo accesorios. Pero en todas las sociedades el sistema alimenticio se organiza como un código lingüístico que conlleva valores «añadidos», y en cierto modo podríamos decir (dándole la vuelta a la idea de Barthes) que la carga simbólica de la comida es aún más fuerte cuando es percibida como instrumento de supervivencia cotidiana. El hambre, es cierto, no permite demasiadas divagaciones más allá de la atención inmediata al hallazgo de los recursos. Pero es esa misma atención la que define un universo simbólico de gran riqueza, que configura la mesa como metáfora de la vida. La misma etimología de la palabra *convite* lo sugiere, pues identifica el vivir juntos *(cum vivere)* con el comer juntos. No es una imagen reservada a unos pocos elegidos: el nombre áulico y la raíz latina del convite no deben impresionarnos demasiado. Incluso la familia de campesinos define en la mesa su propia identidad: «vivir a un pan y un vino», es decir, dividir la comida, en el lenguaje medieval es un modo casi técnico para expresar que se forma parte de la misma familia. Y aún hoy en varias expresiones dialectales italianas la casa se identifica con la comida que consiente a la comunidad doméstica vivir juntos: «vamos a casa», en el léxico tradicional de la Romaña quiere decir «entremos en la cocina». La participación en la mesa común es el primer símbolo de pertenencia al grupo en todos los niveles sociales. Puede ser en familia pero también una comunidad más amplia: cada cofradía, corporación o asociación reitera en la mesa su propia identidad colectiva; cada comunidad monástica se reconoce en el refectorio, donde todos deben compartir la comida (y solo los «descomulgados», aquellos que están manchados por alguna culpa, están temporalmente excluidos).

Solo el ermitaño come en soledad, rechazando el alimento cultivado en favor del crudo, que ya hemos identificado como elección consciente de rechazo de la cultura, con el que es inevitable relacionar el rechazo contemporáneo del convite como modelo ejemplar de consumo «cultural» de la comida, recuperando, quizá, alguna forma de compañía admitida en presencia del asceta —las bestias salvajes. Colombano, a finales del siglo VI, experimentaba la soledad de los bosques de las Galias y comenzó a compartir los frutos silvestres con un oso milagrosamente manso. Algo parecido le ocurrió a Iván, el caballero de las historias que nos narra Chrétien de Troyes en el siglo XII, cuando, impulsado por una extraña locura, se aleja de la compañía humana y busca refugio en el bosque: pero también allí encontrará compañía y compartirá los alimentos con un león.

El banquete noble también se define como un instrumento de unión y solidaridad alrededor del jefe. Pero atención: comer juntos no significa necesariamente que todos se lleven bien. Si la mesa es la metáfora de la vida, esta representa de manera directa y precisa no solo la pertenencia a un grupo, sino también las relaciones que se definen en el interior de ese grupo. Piensen en la diferencia de funciones entre hombres y mujeres en algunas sociedades campesinas: los hombres sentados a la mesa, las mujeres a su alrededor, preparadas para servirles, consumiendo en pie su comida. Piensen en la separación, en las comunidades monásticas (por otra parte atentísimas a representar en los rituales de la mesa la igualdad de grado y de deberes de todos los miembros), entre la mesa común y la del abad, en la que se sientan solo los invitados importantes. Piensen en los banquetes aristocráticos y en la compleja «geografía» que los caracteriza. El lugar no se puede asignar al azar: sirve para señalar, de manera más o menos formal dependiendo de las épocas y contextos sociales y políticos, la importancia y el prestigio de los individuos: el jefe en el centro, los demás a una distancia inversamente proporcional a la función que se le reconoce a cada uno de ellos. En el siglo X, en la corte de

Bizancio, Liutprando de Cremona (embajador de Otón I de Sajonia) fue colocado en una posición que consideró poco adecuada a su rango, y no dudó en protestar. Algo similar le ocurrió a Dante Alighieri, según la ficción de una novela del siglo XV, cuando salió indignado de la corte de Nápoles, ya que se presentó (además con retraso) con un modesto atuendo «de poeta» y no fue reconocido. Por este motivo, lo colocaron al fondo de la mesa (volvió más tarde, vestido de manera suntuosa, y entonces se le dio un puesto honorable, pero entonces se divirtió escandalizando a los comensales, ensuciándose con comida y bebida, hasta que declaró que los honores no se le rendían a su persona sino a sus vestidos, por eso era justo que también ellos participasen en el banquete). Podemos bromear sobre estas cuestiones, pero la misma posibilidad de hacerlo revela su seriedad e importancia. Su carga simbólica seguirá siendo relevante en la Edad Moderna, con la significativa variante de la monarquía absoluta, en la que el jefe deberá comer solo para remarcar la diversidad y alejamiento de su persona y de su función respecto a los cortesanos que le rodean.

Estos rituales persisten aún hoy cuando se trata de expresar relaciones formales (por ejemplo, en un banquete diplomático o político, o bien público), a menos que el objetivo sea el de expresar la ausencia de jerarquías, la «democracia» del grupo y de la mesa a la que se sientan. Creo que también por este motivo se ha difundido de manera particular en la moderna sociedad «democrática» la costumbre de la mesa redonda, más adecuada para eliminar diferencias y jerarquías. La mesa medieval y la renacentista eran, en cambio, rectangulares, la forma más adecuada para definir distancias y relaciones (en aquellos tiempos fue excepcional la mesa redonda de Arturo, que pasó a la historia quizá en virtud de su insólita forma).

En la ritualidad de los banquetes, el significado de los gestos se confía a la definición de reglas que sirven para delimitar el campo de acción, excluyendo a quien no las conoce y, por lo tanto, no puede respetarlas. Las comunidades monásticas ya habían elaborado una serie de reglas que imponían silencio en la mesa, concentración, sobriedad de gestos y moderación a la hora de ingerir los alimentos. En los siglos XII y XIII aparecieron los primeros manuales para enseñar las «maneras en la mesa» a los jóvenes de la nobleza: un género que tuvo en la época moderna mucha fortuna, en concreto con *El cortesano* de Baltasar de Castiglione, el *Galateo* de monseñor Della Casa y muchas otras obras producidas en varios países europeos. Con modos y acepciones diferentes, todos son instrumentos destinados a definir, a distinguir quién está dentro y quién fuera, quién participa y quién está excluido. Por eso los manuales de buenas maneras están dirigidos a la aristocracia y tienen siempre una referencia negativa hacia los campesinos, que se comportan «mal», que «no saben» cuáles son las reglas, y por eso están excluidos de la mesa señorial. El comportamiento alimenticio se convierte en un símbolo de las barreras sociales, de la imposibilidad de romperlas.

Otro modo esencial de comer en compañía es el de la división de la comida. La atribución de una porción en concreto no es nunca casual (a menos que, una vez más, quiera expresar la ausencia de jerarquías), sino que reproduce la relación de poder y de prestigio en el interior del grupo. Poseemos testimonios significativos de todo ello en la épica griega: en los poemas homéricos siempre se le sirve al invitado la mejor porción. En la literatura celta se desencadenan luchas furibundas en torno a la división de la carne entre jefes de tribus antagónicas o entre clanes rivales. La sociedad cortesana medieval y renacentista, de manera menos cruenta (pero solo porque la relación de fuerza está, en su conjunto, más rígidamente constituida y está fuera de discusión), individualiza el corte de las carnes en la sala de banquetes, frente a la mesa puesta, como momento decisivo de la ritualidad del banquete, por las extraordinarias implicaciones simbólicas: de aquí la importancia no solo técnica, sino también política, del trinchador encargado de la operación.

Pero como decíamos, el carácter significativo del banquete nunca se desvincula del valor concreto (económico y nutricional) de la comida consumida. Es impensable entonces especificar una gramática de la comida y descodificar sus reglas.

## LA GRAMÁTICA DE LA COMIDA

En todas las sociedades el modo de comer está regulado por convenciones parecidas a las que dan sentido y estabilidad a los lenguajes verbales. Este conjunto de convenciones, que llamamos *gramática*, configura el sistema alimenticio no como una simple suma de productos y alimentos, ensamblados de manera más o menos casual, sino como una estructura en el interior de la cual cada elemento define su significado.

El léxico sobre el que se funda este lenguaje consiste en el repertorio de productos disponibles, plantas y animales, una especie de morfemas (las unidades significativas de base) sobre las cuales se construirán las palabras y todo el diccionario. Es entonces un léxico que se precisa poco a poco según la situación ambiental, económica, social y cultural, porque un producto puede estar asegurado por los recursos del territorio pero también por relaciones comerciales; puede ser accesible para algunos, inaccesible para otros (según las posibilidades de uso del espacio, en las economías de subsistencia; la disponibilidad del mercado y el nivel de precios, en las economías monetarias); puede ser acogido o rechazado según los gustos (colectivos e individuales) o de las opciones culturales (pienso en el rechazo de la carne por parte de los vegetarianos o en la exclusión de ciertas comidas o bebidas en determinadas tradiciones religiosas). Estas diferencias no excluyen un lenguaje común, es más, lo presuponen: cuando, en la Edad Media, las reglas monásticas imponen o sugieren la abstinencia de la carne, considerada en la época el más prestigioso, nutritivo y placentero de los alimentos, el alejamiento aparente de los valores comunes en realidad los resucita, utilizando el mismo léxico con el mismo significado, aunque precedido por un signo de negación, funcional respecto a la dimensión penitencial de la cultura monástica. Incluso los léxicos especiales, reservados a un grupo restringido de consumidores, asumen un sentido diferente solo dentro de una cultura común: por este motivo, en la Edad Media, el consumo de especias distingue a los pocos que pueden adquirirlas de los muchos que no pueden; a la inversa, el crecimiento del mercado de las especias en la Edad Moderna reduce poco a poco o anula su capacidad distintiva, que pasa a otros productos.

La morfología son los modos con los que los productos son elaborados y adaptados a las diferentes exigencias de consumo, a través de las prácticas de cocina: gestos y procedimientos concretos (los modos de cocción y preparación) transforman las unidades de base en palabras, es decir, en platos o viandas, de uso diferente y diversa función. Por ejemplo, con los cereales se pueden hacer gachas, pan, pasta o tartas: los ingredientes básicos son siempre los mismos, pero el resultado gastronómico es diferente y está condicionado por la manera de trabajarlos. Son los gestos y los procedimientos (las recetas) los que determinarán las relaciones entre las unidades de sentido: la expresión lingüística *tortelli di zucca*,[15] que utiliza el morfema gramatical *di* («de») para designar el papel subordinado del segundo elemento respecto al primero, se expresará simplemente en la práctica de la cocina

[15] Un tipo de pasta rellena, en este caso, de calabaza. (N. de la T.)

con el gesto de incluir el segundo en el primero. Y cada gesto tendrá su significado. Añadir al pan, a la pasta o a las tartas cualquier edulcorante (miel, azúcar, uvas pasas, vino dulce…) será suficiente para abandonar la dimensión nutritiva y cotidiana del plato y entrar en la de la delicadeza, de lo festivo, del *dulcis in fundo*.

La sintaxis es la estructura de la frase, que da sentido al léxico y a sus variantes morfológicas. En nuestro caso es la comida, que ordena los platos según criterios de sucesión, de combinación y relación recíproca. Como en la frase verbal, uno o más protagonistas están en el centro de atención: el plato de carne o cereales se define según las culturas, las clases sociales o la disponibilidad de manera diferente. Probemos a poner algún ejemplo, refiriéndonos al mundo campesino. Las gachas, como el pan, acompañan normalmente a las carnes y las verduras en el plato: si faltan la carne y la verdura, el menú está incompleto e indica que algo no funciona (en el siglo XIX e inicios del XX la difusión de la pelagra entre los campesinos italianos del norte se debió a la no asimilación de las gachas de maíz). También la pasta, en la Edad Media, acompañaba a los platos a base de carne: su transformación en plato único, en la Italia moderna, es el inicio de una brillante carrera de solista pero también signo de una situación alimenticia difícil (en Nápoles, en el siglo XVII, el éxito de la pasta coincide con la crisis de aprovisionamiento cárnico del mercado ciudadano). Observaciones similares podrían servir para la composición de sopas y menestras, que no acompañan, sino que unen carnes y verduras: su vocación de plato único está clara. Las tartas saladas no solo incluyen los ingredientes, sino que los contienen, prestándose a todo tipo de diferencias y a un amplísimo arco de significados, que no eran inmediatos, ya que el contenido no es visible inmediatamente: bien diferente será esconder en una tarta salada (a escondidas del personal de servicio) una lámina de oro, como aconseja hacer un recetario italiano de finales de la Edad Media, o no rellenarla de nada, como hicieron los ciudadanos de Parma durante la hambruna de 1246, cuando, a falta de otra cosa, se contentaron con acumular cuatro o cinco estratos de pasta semivacía, con apenas algunas hierbas silvestres para darle sabor.

En función de los sujetos principales se definen, en la estructura sintáctica de la comida, los complementos, que eventualmente preceden, acompañan, siguen: aperitivos, entrantes, guarniciones y postres. Las salsas pueden tener una función análoga a la de los morfemas gramaticales, que no tienen significado autónomo, pero son esenciales (como las conjunciones o las preposiciones) para determinar la naturaleza y calidad de los protagonistas. Los condimentos entran más bien en la función adjetiva de la gramática, o bien en la adverbial. Su elección puede estar ligada a razones económicas (la disponibilidad de recursos) o rituales (en la Europa cristiana, el calendario litúrgico con sus obligaciones de ayuno y de carne), que confieren a las viandas la colocación espaciotemporal típica de los adverbios. La alternancia entre tocino y aceite, con la posible variante local de la mantequilla, significa la pertenencia a un territorio, a una sociedad, a una cultura; pero revela también el día, la semana y el periodo del año.

Finalmente, la comida adquiere una plena capacidad expresiva gracias a la retórica, que es el complemento necesario de cualquier lenguaje. La retórica consiste en adaptar el discurso al argumento, al efecto que se quiere suscitar. Si el discurso es la comida, la retórica sería la manera de prepararla, servirla y consumirla. Comer «como un león hambriento que devora su presa», como hace Adelchi (hijo del derrotado rey de los longobardos) después de haberse insinuado en la mesa de Carlomagno, para comunicarles su presencia y su desafío vengador, es un modo de expresar la fuerza y el coraje a través de la voracidad, ese sentido de vigor animal que la sociedad aristocrática medieval percibe como valor básico de su propia identidad. La silenciosa ritualidad de los monjes, que están obligados a escuchar las sagradas lecturas sin decir palabra durante las comidas, va en otra dirección, expresando a través de los modos de consumo y del género consumido un control y una disciplina propia que la regla y la elección de vida imponen. Otras formas retóricas, que tomaremos como ejemplo de nuestra época, son las que caracterizan la rapidez (a menudo solo imaginaria) de la comida de trabajo, contraponiéndola a la mayor duración de la cena en familia o con los amigos.

## SUSTITUCIONES, INCORPORACIONES

La naturaleza fuertemente estructurada de los sistemas alimenticios se refleja en su tendencia a reproducir los modelos de referencia: si en el interior de un sistema cada elemento ocupa un puesto preciso, el primer objetivo será el de conservarlo. En la tradición alimenticia mediterránea y europea existe un caso muy particular que merece la pena analizar: el del pan.

La historia nos enseña que, en caso de penuria o carestía, cuando el repertorio habitual de productos se reduce de improviso, nacen sofisticadas estrategias de supervivencia, diferentes entre ellas pero unidas por una regla general: aun estando obligados a alejarse de las prácticas habituales, permanecen lo más unidos posible a la propia cultura, al «lenguaje» que se conoce. La postura que prevalece es la de la sustitución: encontrar alguna cosa que se pueda utilizar en lugar de otra. En las crónicas se encuentran inventos de todo tipo para adaptar los recursos disponibles a las técnicas y las prácticas conocidas. Si falta el trigo, el pan se hace con cereales inferiores, aunque esta práctica, en los estratos bajos de la población, es habitual en épocas normales. También se podía recurrir a las legumbres (sobre todo a las habas) o, en las regiones montañosas, a las castañas (por este motivo llamadas *pan de árbol*). Luego se pasará a las bellotas. Luego a las raíces y a las hierbas silvestres. «Durante aquel año —escribe Gregorio de Tours refiriéndose a lo sucedido a finales del siglo VI— una gran carestía oprimió las Galias. Muchos hacían el pan con las semillas de uva o con el corazón de los huesos de la fruta; otros con las raíces de los helechos prensadas, secas y reducidas a polvo, mezclado con un poco de harina. Otros hacían lo mismo con la hierba cortada en los campos». En casos extremos se recurría a la tierra. En el año 843, según los *Annales* de Saint Bertin, «en muchos lugares los hombres estuvieron obligados a comer tierra mezclada con un poco de harina y reducida en forma de pan». La antigua imagen de la «tierra que nutre» pasa de ser una metáfora a convertirse en realidad inmediata (en efecto no faltan, en ciertas tipologías de humus, tipos de tierra verdaderamente comestibles). Pero atención a la expresión del cronista: la tierra fue reducida «en forma de pan» («in panis speciem»). La forma, la morfología del alimento es la que garantiza continuidad al sistema.

El pan de carestía aparece a menudo en las fuentes. Raoul Glaber cuenta entre los años 1032 y 1033 que «estuvo tentado a un experimento que no parece haber sido realizado nunca. Muchos extraían una savia blanca, similar a la arcilla, y, mezclándola con la cantidad disponible de harina y salvado, obtenían unos panecillos para intentar así burlar el hambre». Desafortunadamente, con pocos resultados y consecuencias penosas desde el punto de vista higiénico. Sin embargo, como ha señalado Pierre Bonnassie, esta fue la respuesta más racional a la carestía, antes de pasar a otras formas de comportamiento inducidas por el pánico o la locura. Solo la renuncia a las prácticas habituales de preparación y cocción de la comida —no ya el consumo de ciertos productos— se percibía como signo de abdicación de la propia identidad, de caer en la animalidad: comer hierba «como las bestias» sin tratarlas ni cocinarlas es el paso decisivo. Mientras que sustraer beyotas a los cerdos, molerlas con otros ingredientes e intentar convertirlas en pan (como nos informa otro cronista, Goffredo Malaterra, refiriéndose a la dramática carestía de 1508 en la Italia del sur) es todavía un gesto cultural, que saca partido a las técnicas de supervivencia elaboradas y transmitidas oralmente por generaciones de hambrientos: «como es habitual en los pobres ["sicut pauperibus mos est"] mezclaban hierbas con un poco de harina», observa una crónica que registra la carestía de Suecia en el año 1099.

Pero incluso los textos científicos se ocupan de este tema. En la Edad Media encontramos numerosas indicaciones sobre los panes de carestía en los tratados de agronomía de la España musulmana. Estos «ponen al servicio de la alimentación cotidiana un saber complejo» (Lucie Bolens), heredado de la tradición agronómica, farmacológica y dietética de la Antigüedad. Desde los cereales, las leguminosas y las plantas forrajeras, hasta las verduras y las frutas domésticas, hasta las hierbas y las raíces silvestres, los huesos de las frutas y las plantas medicinales, se sucede una serie de técnicas que se alejan progresivamente de la norma y requieren una mayor atención, una mayor prudencia. Ibn al-Awwan enseña cómo utilizar frutas que no serían comestibles por naturaleza mediante tratamientos que nacen de la observación y —si cabe— del gusto: «hay que comprobar el gusto de base de estas plantas e intentar eliminarlo utilizando procedimientos oportunos; cuando el gusto desaparece, se hace secar el fruto, se muele y se procede a la panificación».

Lo que me parece particularmente notable en estos temas es la continua referencia a las prácticas alimenticias corrientes. Si volvemos a la imagen de la alimentación como sistema lingüístico, sería como introducir variaciones en el léxico, no en la estructura morfológica y sintáctica del discurso (en los límites de lo posible). Aunque también esta puede modificarse, pero solo tras cambios importantes, profundos y quizá traumáticos. Hemos visto ya algún caso, considerando, por ejemplo, la crisis alimenticia que afectó a la ciudad de Nápoles en el siglo XVII, que transformó el modelo de consumo tradicional, basado en carnes y verduras con acompañamiento de cereales, en un nuevo modelo que asignaba a la pasta (condimentada con queso) una nueva función de plato único. De hecho, fue esta, con numerosas variantes, la tendencia de la alimentación europea en los últimos siglos de la Edad Media y más tarde en la Edad Moderna: los estratos inferiores de la sociedad, sobre todo los rurales pero también los urbanos, comenzaron a alimentarse casi únicamente de cereales, mientras que la carne, gracias a los mecanismos de selección económica y social inducida por las relaciones de propiedad, de producción y de mercado, se configuró como producto de élite (condición en la que permaneció hasta los siglos XIX y XX).

El mecanismo de la sustitución a veces asume dimensiones diferentes, y sale del ámbito de la contingencia para incorporar establemente la variante dentro del sistema. Fenómenos de este tipo aparecen sobre todo en presencia de productos nuevos: en los primeros siglos de nuestra era el cultivo del centeno y de la avena (antes conocidas solo como plantas silvestres) coincidió en Europa con una fuerte caída del trigo. Pero el ejemplo más vistoso es el de los productos americanos, que invadieron Europa (después de la conquista y la sumisión del Nuevo Continente) entre finales del siglo XV y mediados del XVI.

La reacción ante los recién llegados, como sucede normalmente en estos casos, fue de gran curiosidad pero también de mucha cautela, tanto que se necesitaron más o menos tres siglos para que fuesen adoptados de manera definitiva, incluyéndose en la dieta de los europeos (y en otras regiones del mundo) de manera tan profunda y «sistemática» que hoy sería difícil imaginar Europa sin el maíz o la patata, el tomate o el pimiento. O sin la guindilla, que en algunas tradiciones italianas —piensen en la cocina calabresa o en otras de Europa como la húngara— se ha convertido en autóctona hasta el punto de hacer olvidar su origen exótico. Pero por este motivo, este episodio es instructivo porque manifiesta la capacidad de los sistemas alimenticios de cambiar y al mismo tiempo reafirmar su propia identidad, regenerarse con aportaciones externas, incorporar lo desconocido asimilándolo a lo propio —un mecanismo bien conocido en el plano psicológico y cultural. El «truco» consiste en tratar —o, como veremos a continuación, en creer poder tratar— los productos nuevos con procedimientos y preparaciones tradicionales.

En realidad, la difusión de los nuevos alimentos se produjo sobre todo por razones de necesidad y hambre, que, frente a la enorme productividad de las plantas americanas, ganó terreno ante la desconfianza o el miedo. Pero también los mecanismos de adaptación fueron decisivos. Cuando, en el siglo XVIII, la patata comenzó a abrir una brecha en los campos y las mesas de los campesinos europeos, agrónomos e intelectuales —Augustine Parmentier a la cabeza— hicieron propaganda para intentar convencer a los campesinos (y estando ellos mismos convencidos) de que la harina de patata podía servir para hacer pan: era el alimento que los campesinos europeos conocían y deseaban desde hacía siglos. El objetivo se reveló ilusorio, pero sirvió para dar a conocer el nuevo producto, que comenzó a utilizarse de otras maneras, a veces nuevas, a veces tradicionales: entre ellas, fue particularmente significativo el empleo de la patata en la masa de los ñoquis, un plato muy popular desde la Edad Media y que durante siglos se había hecho solamente con harina y pan rallado. Además, la gastronomía del siglo XIX no tardó en valorar las patatas de modos muy diferentes y nuevos respecto a la tradición.

Similar en el plano cultural, aunque diferente en sus resultados, fue el caso del maíz, introducido en los campos de algunas regiones europeas ya en la primera mitad del siglo XVI y más popular en los siglos sucesivos. El maíz había sido durante milenios el alimento principal de diferentes poblaciones americanas, utilizado en numerosas preparaciones con diferentes tipos de cocción, diferentes condimentos o varios usos gastronómicos. Sin embargo, nadie lo había usado nunca en América para hacer gachas, mientras que en Europa fue su destino principal. El motivo de esta «reinterpretación» es simple: en Europa la tradición alimenticia estaba caracterizada desde la Edad Antigua por el uso de gachas como plato base de la cocina campesina: en la Roma antigua se hacían con la espelta, en la Edad Media con el mijo y con otros cereales como el panizo, el sorgo o la espelta. La aceptación del nuevo producto fue mayor cuanto más se prestó a plegarse al uso tradicional. Pero este ingreso del maíz en los usos alimenticios europeos, en la «función» gramatical que hasta ese momento había estado asegurada por otros productos, significó la progresiva desaparición de estos usos de cocina y de las prácticas de cultivo. Este proceso de sustitución afectó incluso a la terminología, cuando, en ciertas lenguas o dialectos europeos, el maíz llegó a «ocupar» nombres de cereales más antiguos y conocidos: *millet* (mijo) fue llamado en Francia *melega*, o sea, sorgo en la Italia del norte; en Hungría fue *tengeribúza* o mijo marítimo; en los Balcanes, según los lugares, fue llamado *haba*, *mijo*, *sorgo*, *trigo grueso*...

Diferente, pero similar en ciertos aspectos, fue la aventura europea del tomate. También él, como el maíz y la patata, intentó afirmarse, y cuando esto ocurrió, fue bajo formas conocidas y reconocibles. Primero se freía en una sartén «como las setas y las berenjenas» (así lo asegura Costanzo Felici, botánico y gastrónomo del siglo XVI). Pero el acontecimiento decisivo que marcó su lanzamiento fue su transformación en salsa de acompañamiento, utilizada ya desde el siglo XVII con carnes y pescados (primero en España y después en Italia) y en el siglo XIX (en Italia) sobre la pasta. El tomate se adaptó de este modo a una fisonomía típica de la tradición europea: desde la Edad Media los tratados de cocina dedican un espacio amplísimo a la preparación de las salsas, acompañamiento indispensable de todos los platos, sobre todo —pero no solo— de carnes y pescados. También el tomate fue acogido en las cocinas del Viejo Continente tras su reducción morfológica a algo conocido, como en este caso una salsa, que lo hacía plenamente compatible con los usos tradicionales aun introduciendo una nueva nota de sabor y color.

Cada nueva entrada de alimentos se asemeja a la aparición de nuevos términos en el léxico de una lengua: morfemas y palabras nuevas que, de algún modo, sustituyen a las antiguas, provocando su desaparición o condenándolas a la marginalidad. Si el maíz canceló la tradición medieval del mijo y el sorgo, el éxito de la patata provocó el desuso del nabo, que en los siglos medievales había tenido una gran importancia en los modelos de consumo campesino. Del mismo modo —esta vez en las mesas ricas—, el pavo americano sustituyó al pavo real, relevando también a la función escenográfica, tan apreciada por las aristocracias medievales. La guindilla, en cambio, se afirmó como «especia de los pobres», colmando incluso (como ha sugerido Dominique Fournier) la falta de oferta para una demanda popular que pretendía imitar el consumo de las clases altas.

Fenómenos similares suceden con las bebidas: la difusión del té y del café, desde el siglo XVII en adelante, marcó un descenso vistoso del consumo de vino y cerveza. Los nuevos productos lograron asumir, gracias a la interesada complicidad de las compañías comerciales, algunas funciones tradicionales desempeñadas por las bebidas alcohólicas que, desde la época antigua, habían cubierto una franja enorme de ocasiones de consumo (nutritivas, de celebración, saludables, rituales...), afirmándose como consumos todoterrenos, prácticamente sin competencia. Los nuevos productos, en diferente medida según los lugares y grupos sociales, rompieron esta situación de monopolio y ocuparon una parte de estos espacios: el té sustituyó en parte al vino o la cerveza como bebida de socialización durante el curso del día, pero en cualquier caso también como bebida de acompañamiento de la comida; además, los médicos ingleses y holandeses (curiosamente, científicos de los países que más estaban interesados en la campaña de promoción de los nuevos consumos) no dudaron en proponerlo como panacea para una gran variedad de males —exactamente como habían hecho los médicos medievales con el vino o como hicieron, en el siglo XVII, algunos médicos franceses en el caso del café—. El entresijo de intereses económicos, políticos y fiscales que gira en torno a los nuevos productos es demasiado fuerte para no sospechar del interés de la ciencia médica (¿solo fenómenos del Antiguo Régimen?), pero lo que quiero subrayar una vez más es la dimensión estructural de los consumos alimenticios, permeables a las novedades solo a costa de modificaciones basadas en mecanismos sustitutivos más que añadidos, o sea, en la transferencia de funciones de un producto a otro. Resulta claro no solo si consideramos la evolución histórica de los consumos europeos, sino también si comparamos la sociedad occidental con las orientales (china, india, japonesa, etcétera), que tradicionalmente no conocen el uso del vino o la cerveza: en estos casos, es el té el que desempeña la misma función que el vino o la cerveza en Europa. A la inversa, la aparición del vino o la cerveza en las mesas orientales (ligada, en el siglo XX, a modas importadas o a nuevas realidades productivas) no favorece en absoluto el consumo tradicional del té. Exactamente lo contrario de lo que sucedió en Europa entre los siglos XVIII y XIX.

## IDENTIDAD, INTERCAMBIO. TRADICIONES Y ORÍGENES

La analogía entre comida y lenguaje, que hemos ya comparado como sistemas de signos además de como (en el caso de la comida) realidades materiales, los connota a ambos como códigos de comunicación, que dentro y fuera de la sociedad que los expresan transmiten valores simbólicos y significados de naturaleza diferente (económicos, sociales, políticos, religiosos, étnicos, estéticos, etcétera). Como la lengua hablada, el sistema alimenticio contiene y transporta la cultura de quien la practica, es depositario de las tradiciones y la identidad del grupo. Constituye por tanto un extraordinario vehículo de autorrepresentación y de intercambio cultural: es instrumento de identidad, pero también el primer modo para entrar en contacto con culturas diferentes, ya que comer la comida de los demás es más fácil —al menos en apariencia— que descodificar su lengua. La comida se presta, más aún que la palabra, a mediar entre culturas diferentes, abriendo los sistemas de cocina a cualquier tipo de inventos, intercambios y contaminaciones.

Las dos nociones de *identidad* e *intercambio*, citadas cuando se trata de cultura alimenticia, se contraponen, como si el enfrentamiento entre identidades diferentes fuese el obstáculo que salvaguarda la identidad del patrimonio cultural que cada sociedad reconoce en su propio pasado. Ante una perspectiva como esta, a la que a menudo se suma la desconfianza por lo diferente, el miedo a la contaminación, a formas más o menos exasperadas de intolerancia y estrechez de miras, la historia se cita normalmente como lugar de nacimiento de orígenes, de raíces más o menos míticas a las que hacer referencia para conservar la propia identidad. Pero la historia nos enseña exactamente lo contrario: que las identidades culturales no son realidades metafísicas (el «espíritu de los pueblos») y ni siquiera están inscritas en el patrimonio genético de una sociedad, sino que se modifican y se redefinen incesantemente, adaptándose a situaciones siempre nuevas determinadas por el contacto con culturas diferentes.

Un caso ejemplar es el de la Edad Media europea, que, como hemos ya señalado, presenció el nacimiento de una identidad alimenticia y gastronómica nueva, sustancialmente innovadora respecto al pasado (del cual, además, transmitía la herencia) gracias a un extraordinario experimento de contaminación, incluso conflictiva, entre culturas diferentes y a veces opuestas. La nueva civilización, como sabemos, nació del injerto de la tradición romana (retomada y reforzada por el cristianismo) sobre la «bárbara»: la cultura del pan, del vino y del aceite se cruzó con la cultura de la carne, la cerveza y las grasas animales. El resultado fue un modelo inédito de producción y de consumo en el que la carne (sobre todo la de cerdo) se unía al pan como «valor fuerte» del sistema, en una dinámica de integración recíproca, al mismo tiempo económica y simbólica, que constituye uno de los episodios más interesantes en la historia de la cultura alimenticia. De este modo, el pan y el cerdo, y con ellos el vino, se convirtieron en símbolos alimenticios de la identidad europea, justo en el momento en el que se afirmaba una nueva fe en las orillas meridionales del Mediterráneo: la fe islámica, que no atribuía a estos alimentos significados simbólicos tan decisivos (el pan) o incluso los rechazaba como impuros (el vino y el cerdo). Este episodio —emblemático del carácter dinámico de la historia de la alimentación, de la naturaleza «histórica» y por tanto mutable de todas las identidades alimenticias— acabó por proyectar hacia el norte del Mediterráneo algunos «valores» que habían crecido en otros lugares y que habían caracterizado otras culturas en el pasado. La civilización del pan y del vino había nacido en las regiones del Oriente Próximo y Medio afroasiático; de la Edad Media en adelante pasó a ser sobre todo europea.

La cultura islámica, además, no solo participó en este cambio de recorrido en términos de alteridad negativa, sino que proporcionó una aportación al nuevo modelo gastronómico que se elaboró en la Europa medieval. Desde Oriente Medio y África llegaron nuevas plantas y nuevas técnicas agrícolas: la caña de azúcar, los cítricos y verduras como la berenjena o las espinacas. Árabes y sarracenos «comunicaron» a Occidente el gusto oriental por las especias, el agridulce o el dulcesalado, renovando modelos ya practicados por la gastronomía romana, pero de maneras diferentes y menos exclusivas. También trajeron a Europa la planta y el cultivo del arroz. Introdujeron en Sicilia el uso de la pasta seca, un tipo de consumo que también los judíos estaban introduciendo en Europa y que estaba destinado a un gran éxito, sobre todo en territorio italiano. También en este caso la tradición se afirmó y desarrolló bien lejos de los lugares de origen: dos palabras (*tradición, origen*) que debemos aprender a distinguir mejor. Los historiadores, tras la lección de Marc Bloch, han aprendido a desconfiar del «mito de los orígenes» para concentrarse más en los mecanismos históricos de difusión de los fenómenos.

Descubrimos con claridad que las identidades alimenticias (y culturales especialmente) son un producto de la historia, a veces influidas por situaciones ambientales y geográficas, gracias al proceso de construcción de la llamada *dieta mediterránea*, que ha sido apresuradamente celebrada (sobre todo por los medios estadounidenses) como fruto de una «sabiduría antigua», de una «tradición» largamente experimentada. Pero, además de hablar de la *dieta mediterránea* en singular, es una especie de abstracción metafísica que ignora la extrema variedad de situaciones que ha creado la propia geografía, como, por ejemplo, la Provenza y el Líbano, Túnez y Dalmacia o Sicilia y Egipto. Aparte de este hecho, debemos admitir que muchos factores que constituyen esta dieta mediterránea no son, en origen, mediterráneos, sino que surgen de una historia, a menudo reciente, de intercambios y cruces con otras regiones y continentes del mundo. Las cocinas mediterráneas actuales no tienen, en realidad, mucho de antiguo salvo el uso del pan, el vino, el aceite de oliva, la carne ovina, la cebolla y pocas cosas más. Nada queda de las salsas de pescado saladas y fermentadas, como el *garum*, de uso corriente en la Edad Antigua en el mundo griego y romano y aún en la Edad Media. Existe alguna tentativa de recuperación, más que nada por la curiosidad, que no cambia el hecho de que aquel gusto no pertenece ya a la cocina mediterránea, mientras que se encuentra aún en el sureste de Asia, en particular en la salsa vietnamita llamada *nuoc-mâm*. Los sabores mediterráneos actuales se afirman en época reciente, como bien ha demostrado Louis Stouff para Provenza, destacando la «modernidad» de todo lo que hoy confiere personalidad a esta cocina: la berenjena y las alcachofas son aportaciones de la Baja Edad Media, la alubia y el tomate (como las patatas, el maíz y muchas otras cosas) vienen de América. Incluso la albahaca no aparece en la cocina hasta el Renacimiento. Las verduras, consideradas en la actualidad como un elemento básico de la llamada *dieta mediterránea*, tuvieron poco relieve como valor alimenticio durante toda la Edad Media e incluso más tarde, a no ser como relleno pobre de quien no podía permitirse el consumo de carne, considerada por todos como el factor principal que debía formar una dieta saludable. Muy reciente es también el uso generalizado del aceite de oliva, que se producía ya en época antigua pero en cantidades muy reducidas, y reservado en su mayoría para la cosmética.

Las cocinas mediterráneas (en plural) no son entonces una realidad atávica, sino el punto de llegada, evidentemente provisional, de una compleja evolución histórica. Asia y América han sido, como África y Europa, esenciales a la hora de definir los caracteres de este sistema alimenticio que solemos definir como *mediterráneo* y que, por otra parte, constituye solo una de las muchas maneras de comer que se encuentran en este ámbito geográfico.

Las identidades no están escritas en el cielo.

## RAÍCES (UNA METÁFORA PARA USAR A FONDO)

Las historias que hemos contado nos recuerdan que cada cultura, cada tradición y cada identidad son un producto de la historia, dinámico e inestable, generado por fenómenos complejos de intercambio, de cruces y contaminaciones. Los modelos y las prácticas alimenticias son el punto de encuentro entre culturas diferentes, fruto de la circulación de hombres, mercancías, técnicas y gustos de una parte a otra del mundo. Es más, las culturas alimenticias (y las culturas en general) son más ricas e interesantes cuanto más vivaces y frecuentes sean los encuentros e intercambios —por ejemplo, en las zonas fronterizas. La búsqueda de las raíces, cuando se hace con método crítico y no condicionada por impulsos emotivos, no llega nunca al punto del que hemos partido (quizá para perdernos, como fantasea a menudo el imaginario colectivo), sino que, al contrario, se pierde entre una maraña cada vez más amplia y complicada a medida que nos alejamos de nuestra época. En este intrincado sistema de aportaciones y de relaciones, el punto fijo no son las raíces sino nosotros mismos: la identidad no existe en el origen, sino al final del recorrido. Pero si realmente queremos hablar de raíces, usemos a fondo la metáfora y representemos la historia de nuestra cultura alimenticia como una planta que se expande (no que se restringe) a medida que ahonda en el terreno, buscando la linfa vital hasta donde logra llegar, insinuando sus raíces (justamente) en los lugares más lejanos, a veces impensables. El producto está en la superficie, visible, claro y definido: somos nosotros. Las raíces están debajo, amplias, numerosas y dispersas: es la historia que nos ha construido.

# Guía de lectura

CONSTRUIR LA PROPIA COMIDA

La contraposición entre cultura y naturaleza, elemento fundador (en toda su ambigüedad) de la identidad y de la autorrepresentación de los grupos humanos, es un tema clásico de la literatura antropológica. En particular, en modelos de comportamiento alimenticio, el punto de partida es inevitablemente Claude Lévi-Strauss, que dedicó a estas reflexiones los primeros tres tomos de las *Mitológicas: Lo crudo y lo cocido*, México: Fondo de Cultura Económica, 1968; *De la miel a las cenizas*, México: Fondo de Cultura Económica, 2003; y *El origen de las maneras de mesa*, México: Siglo XXI, 2002.

Sobre la economía prehistórica y la valoración del desarrollo agrícola como respuesta a las nuevas necesidades, pueden leer a Marshall Sahlins: *Economía de la Edad de Piedra*, Madrid: Akal, 1983.

Luca Cavalli Sforza analiza como genetista la confluencia de los datos biológicos con los lingüísticos y arqueológicos en el mapa de expansión de las sociedades agrícolas sobre la tierra. Para un acercamiento sintético a esta perspectiva se puede leer *¿Quiénes somos? Historia de la diversidad humana*, Barcelona: Crítica, 1994 (escrito a cuatro manos con Francesco Cavalli Sforza con intención divulgativa).

Raffaele Pettazzoni propuso un amplio abanico de historias «de fundación», extraídas de las tradiciones de diferentes áreas culturales del mundo y muchas de ellas relativas a la relación entre hombre y naturaleza en *Miti e leggende*, vols. I-IV, Turín: UTET,

1948-1963. Más tarde Giovanni Filoramo ha reorganizado estos materiales por grupos temáticos, en particular *In principio. I miti delle origini*, y también *Quando le cose erano vive. Miti della natura*, editados siempre por UTET en 1990 y 1991, respectivamente.

En el libro *El hambre y la abundancia: historia y cultura de la alimentación en Europa*, Barcelona: Crítica, 1993, he analizado la persistencia de estas contraposiciones (cultura/naturaleza, doméstico/salvaje) aún en tiempos históricos recientes, y de algún modo hasta nuestros días.

Sobre el proceso histórico de civilización, entendido como un alejamiento progresivo del estado natural, es inevitable referirse al discutido pero siempre fundamental trabajo de Norbert Elias *El proceso de civilización. Investigaciones sociogenéticas y psicogenéticas*, México: Fondo de Cultura Económica, 1988.

Las prácticas de conservación de los alimentos no han tenido una atención particular en las investigaciones de historiadores y antropólogos. Entre los pocos trabajos dedicados a este argumento, destaco el volumen *Food conservation. Ethnological studies*, de Astri Riddervold y Andreas Ropei (Londres: Prospect Books, 1998), que afronta el argumento no solo desde el punto de vista técnico sino también en sus implicaciones culturales y sociales. Aida Kanafani-Zahar ha dedicado una investigación puntual a las tradiciones libanesas, centrada en la conservación como centro del sistema alimenticio y, más en general, del sistema de vida y relaciones sociales, familiares y de género en una sociedad, en *Mune. La conservation alimentaire traditionnelle au Liban*, París: Éditions de la Maison des Sciences de l'Homme, 1994. Menos complicados en el plano de la reflexión teórica, pero extremadamente útiles como repertorio de técnicas tradicionales de conservación, son los volúmenes de la serie *Atlante dei prodotti tipici*, editados por el Istituto Nazionale di Sociologia Rurale bajo la guía de Corrado Barberis (*I formaggi*, *I salami*, *Le conserve*, todos publicados por Agra/Rai Eri). He extraído la reflexión de Girolamo Sineri de la página 7 del tercer volumen citado.

Otros libros citados: Edward Hyams: *E l'uomo creò le sue piante e i suoi animali. Storia della domesticazione*, Milán: Mondadori, 1973 (volumen de carácter divulgativo que recoge dos obras del autor: *Plants in the service of man* y *Animals in the service of man*, 1971-1972); Fernand Braudel: *Las estructuras de lo cotidiano*, primer volumen de la obra *Civilización material, economía y capitalismo*, Madrid: Alianza, 1984; Rodney Hilton: *Siervos liberados: movimientos campesinos medievales y levantamiento inglés de 1381*, Madrid: Siglo XXI, 1985.

## LA INVENCIÓN DE LA COCINA

Las consideraciones de Françoise Sabban sobre la diferente percepción de la idea de *cocina* en el mundo chino respecto a la tradición occidental se pueden leer en la *Presentazione* del volumen II del *Atlante dell'alimentazione e della gastronomia*, de Massimo Montanari y Françoise Sabban (Turín: UTET, 2004, págs. VII-VIII). Esta obra nos ofrece un cuadro completo y ampliamente representativo de las tradiciones alimenticias y de las cocinas en diferentes partes del mundo, bajo el doble perfil del desarrollo histórico y de la connotación ambiental y cultural.

El trabajo de Jack Goody al que me he referido es *Cocina, cuisine y clase. Estudio de sociología comparada*, Barcelona: Gedisa, 1995. Se trata de una obra extremadamente importante desde el punto de vista metodológico, que introduce lo social (las diferencias de clase) en el debate antropológico, proponiéndolo como factor decisivo en la determinación de las culturas alimenticias, e insistiendo en la diversidad sustancial, en el desarrollo y en la capacidad de afirmación de tales culturas, entre tradiciones orales y tradiciones escritas. Aun teniendo en cuenta tales sugestiones, he propuesto recientemente algunas reflexiones (algunas reflejadas en estas páginas) sobre la relación entre cultura popular y cultura de élite en la construcción de los modelos alimenticios de las sociedades tradicionales europeas y en particular en la Italia medieval (cfr. «Cucina povera, cucina rica», *Quaderni medievali*, 52, 2001, págs. 95-105, reeditado con pequeñas modificaciones con el título «La cucina scritta come fonte per lo studio della cucina orale», *Food and History*, 1/1, 2003, págs. 251-259).

Sobre la recuperación de la naturaleza en el modelo alimenticio de los ermitaños he escrito en «Vegetazione e alimentazione», en *L'ambiente vegetale nell'alto* Medioevo, Espoleto: CISAM, 1990, págs. 281-322.

Sobre la importancia simbólica de las técnicas de cocción, como eje culturalmente significativo de las actividades culinarias, puede leerse el pequeño pero fundamental ensayo de Claude Lévi-Strauss «Le triangle culinaire», publicado en *L'Arc*, 26, 1965, págs. 19-29 (y ahora en *Food and History*, 2/1, 2004, págs. 9-19), más tarde reelaborado y ampliado en el citado trabajo *El origen de las maneras de mesa*. En mi libro *El hambre y la abundancia* he sugerido una posible utilización de estos esquemas antropológicos por parte del historiador, con referencia a la biografía de Carlomagno que ha sido utilizada también en estas páginas. Una interesante revisión de Lévi-Strauss sobre el tema del desarrollo histórico de la cocina francesa ha sido realizada por Jean-Pierre Poulain en *Penser l'alimentation. Entre imaginaire et rationalité*, Toulouse: Privat, 2002, págs. 157-187 (del mismo Poulain señalo también *Sociologies de l'alimentation*, París: PUF, 2002, una buena puesta a punto y reseña crítica de los estudios sociológicos y antropológicos sobre el tema de la cultura alimenticia).

Sobre la relación entre gastronomía y dietética son fundamentales los estudios de Jean-Louis Flandrin. En particular recomiendo los ensayos «Condimentación, cocina y dietética durante los siglos XIV, XV y XVI» y «De la dietética a la gastronomía, o la liberación de la gula», ambos contenidos en *Historia de la alimentación*, a cargo de Jean-Louis Flandrin y Massimo Montanari, Gijón: Trea, 2004, respectivamente en págs. 625-645 y 843-867. Encontrarán una atención más específica a la documentación italiana en el volumen (escrito a cuatro manos con Alberto Capatti) *La cucina italiana. Storia di una cultura*, Roma-Bari: Laterza, 1999, págs. 145 y ss.

## EL PLACER (Y EL DEBER) DE LA ELECCIÓN

Las implicaciones culturales de la naturaleza omnívora del hombre (que conlleva mecanismos de elección en la determinación de los modelos de consumo) han sido analizadas por el sociólogo Claude Fischler en su libro *El (h)omnívoro: el gusto, la cocina y el cuerpo*, Barcelona: Anagrama, 1995.

*Estructuras del gusto* es una noción elaborada y empleada por Jean-Louis Flandrin en muchos trabajos. Ejemplar por su sistema de análisis puede ser el ensayo *Il gusto e la necesità*, Milán: Il Saggiatore, 1994 (título original «Le goût et la nécessité: sur l'usage des grasses dans les cuisines d'Europe occidentale», *Annales ESC*, XXXVIII, 1983, págs. 369-401).

Sobre la cocina medieval se ha escrito mucho en los últimos años, a veces para reconocer las raíces, auténticas o presuntas, de nuestra cultura, a veces para poner de relieve su alteridad respecto a modelos actuales. Un buen cuadro de conjunto es el trabajo reciente de Bruno Laurioux *Manger au Moyen Âge*, París: Hachette, 2002. El mejor punto de referencia sigue siendo *Delicias de la gastronomía medieval*, de Odile Redon, Françoise Sabban y Silvano Serventi (Madrid: Anaya, Mario Muchnik,

1996). Para situar el largo periodo de la cocina medieval en el modelo social, civil y cultural italiano lean Capatti y Montanari: *La cucina italiana*, o. cit.

El antropólogo americano Marvin Harris, que he citado refiriéndome específicamente al volumen *Bueno para comer: enigmas de alimentación y cultura*, Madrid: Alianza, 2005, es maestro de una corriente de estudios bastante difundida en Estados Unidos que se opone a las tendencias culturalistas de gran parte de la antropología europea (baste citar a Mary Douglas: *Pureza y peligro: análisis de los conceptos de contaminación y tabú*, Madrid: Siglo XXI, 2000), ya que basa su análisis en presupuestos de naturaleza no simbólica sino económica y funcionalista. Son posiciones obviamente estimulantes, aunque el rigor materialista acaba paradójicamente por derivar en una especie de metafísica. Sobre las posiciones de Harris he propuesto algunas reflexiones críticas en «Il gusto e l'abitudine», *Quaderni Medievali*, 30, 1990, págs. 110-121.

Jacques Le Goff ha sido uno de los primeros en subrayar la importancia de los comportamientos alimenticios como signo de identidad y diferencia en la sociedad medieval. Lean, para comenzar, *La civilización del Occidente medieval*, Barcelona: Paidós, 2002. Reelaborando estas ideas he desarrollado el argumento en *L'alimentazione contadina nell'Alto Medioevo*, Nápoles: Liguori, 1979, y en *Alimentazione e cultura nel Medioevo*, Roma-Bari: Laterza, 1988.

Sobre la connotación histórica, por lo tanto mutable, de los ideales sobre la belleza del cuerpo, he tomado en consideración las ideas ya expuestas en *El hambre y la abundancia*. Los estudios sobre este tema no son muchos, pero quiero señalar al menos el de Arthur Marwick: *Beauty in History*, Londres, Thames and Hudson, 1988, un ensayo con intención divulgativa centrado en la Edad Moderna, y el de Valerio Neri: *La bellezza del corpo nella società tardoantica. Rappresentazioni visive e valutazioni estetiche tra cultura classica e cristianesimo*, Bolonia: Pàtron, 2004, ejemplar estudio documental sobre un ámbito histórico y cultural determinado. Vean también el reciente *Historia de la belleza*, de Umberto Eco (Barcelona: Lumen, 2004).

La obra maestra de Marc Bloch, *La sociedad feudal* (Madrid: Akal, 1987), se relee siempre con placer, por su capacidad de contar la historia en términos globales, de entrelazar lo privado con lo público y el público en lo privado, de captar los enlaces entre instituciones y sociedad, poder e imaginario, política y estilos de vida. Una lección de método y sensibilidad histórica a la cual, aun tratándose de alimentación, siempre es útil dirigirse.

La relación entre gustos (o, al menos, comportamientos) alimenticios y cultura científica, no solo dietética sino también filosófica y naturalista, ha sido tratada en profundidad por Allen J. Grieco en la tesis de doctorado *Classes sociales, nurriture et imaginaire alimentaire en Italie* (XIV^e^-XV^e^ *siècles*), París: École des Hautes Études en Sciences Sociales, 1987, y en varios estudios específicos, que esperan una recopilación. Mientras tanto pueden leer el ensayo «Alimentación y clases sociales a finales de la Edad Media y en el Renacimiento», en *Historia de la alimentación*, o. cit., págs. 611-624.

Sobre el tema del calendario y la ritualidad alimenticia ligada al discurrir del tiempo, son fundamentales las reflexiones de Piero Camporesi, que durante décadas se ha dedicado a estudiar muchos aspectos de la cultura alimenticia moviéndose en el campo de los estudios filológicos y literarios en busca de textos menores y de pistas en las culturas orales y populares. Entre los numerosos trabajos de Camporesi recomiendo al menos la lectura del pequeño pero denso *Alimentazione, folclore, società*, Parma: Pratiche, 1983. Allí encontrarán también las notas sobre Pellegrino Artusi, ya publicadas como introducción a la edición de Einaudi de *Scienza in cucina* (Turín, 1970).

Que la cocina de territorio se haya convertido solo recientemente (digamos durante los últimos dos siglos) en un valor positivo en vez de negativo como siempre se la había percibido ha sido demostrado en el ensayo de Julia Csergo «La emergencia de las cocinas regionales», en *Historia de la alimentación*, o. cit., págs. 1003-1024. En las págs. 1067-1073 encontrarán las consideraciones finales de Flandrin y Montanari, tituladas «Hoy y mañana», que renuevan la idea bajo la perspectiva de una difícil pero potencialmente fructífera dialéctica entre globalismo y localización alimenticia. Es evidente que la atención a lo local va de la mano con el proceso de deslocalización, sobre lo que se puede leer, para comenzar, el breve ensayo de Gretel H. y Pertti J. Pelto, «Dieta y deslocalización: cambios dietéticos deste 1750», en *El hambre en la historia*, dirigido por Robert I. Rotberg y Theodore K. Rabb, Madrid: Siglo XXI, 1990. Sobre el comer geográfico como tendencia actual insiste también Jean-Robert Pitte: «Geography of taste between globalization and local roots», en *Food and Environment. Geographies of Taste*, dirigido por Armando Montanari, Roma: Società Geografica Italiana, 2002, págs. 11-28 (o en págs. 29-32 de mi *From the Geography of Taste to the Taste for Geography*). Sobre la dinámica global/local en la civilización del consumo léase a Roberta Sassatelli: *Consumo, cultura e società*, Bolonia: Il Mulino, 2004, págs. 213 y ss.

## COMIDA, LENGUAJE, IDENTIDAD

Sobre la cuestión del convivio, o del comer juntos, como dato característico de la cultura humana y como premisa «técnica» para la elaboración de significados y valores de comunicación en los modelos de consumo y de comportamiento alimenticio, me refiero a mi *Convivio. Storia e cultura dei piaceri della tavola*,

Roma-Bari: Laterza, 1989, sobre todo la introducción («Mangiare, vivere insieme») en las págs. VII-XXIV.

La dialéctica entre sustancia y circunstancia en la definición del consumo alimenticio ha sido analizada por Roland Barthes en el ensayo «Pour une psycho-sociologie de l'alimentation contemporaine», *Annales ESC*, XVI, 1961 (después en *Pour une histoire de l'alimentation*, dirigida por Jean Jacques Hémardinquer, París: Colin, 1970, págs. 307-315).

La analogía entre comida y lenguaje fue propuesta por primera vez de manera orgánica por Claude Lévi-Strauss en *Antropología estructural* (Barcelona: Paidós, 1995) y después, más analíticamente, en los volúmenes ya citados de las *Mitológicas* dibujó la estructura de los sistemas alimenticios en paralelo y en analogía con los sistemas lingüísticos. El intento de reelaborar históricamente tales modelos, que anticipo en este libro, nace de una reflexión sobre la Edad Media, «Il cibo come linguaggio», presentada en el 52.º Congreso del Centro Italiano di Studi sull'Alto Medioevo, *Comunicare e significare nell'Alto Medioevo*, Espoleto, 2004, que pronto será publicada.

Los mecanismos de sustitución y de incorporación de los productos dentro de los sistemas alimenticios están ampliamente ilustrados, a través de toda la historia medieval y moderna europea, en mi libro *El hambre y la abundancia*. El trabajo de Lucie Bolens sobre la relación entre prácticas cotidianas y saber científico en los periodos de carestía está en «Pain quotidien et pain de disette dans l'Espagne musulmane», *Annales ESC*, XXXV, 1980, págs. 462-476 (reeditado en apéndice en *Agronomes andalous du Moyen Âge*, Ginebra: Droz, 1981 [trad. esp.: *Agrónomos andaluces de la Edad Media*, Granada: Universidad de Granada, 1994]). Fritz Curschmann recoge en *Hungersnöte im Mittelalter* (París, 1900) una amplia colección de textos de crónicas medievales relativos a las épocas de carestía. La extraordinaria habilidad de las sociedades humanas para sacar partido a los mínimos recursos ambientales, elaborando prácticas y saberes encaminados a la supervivencia cotidiana, es objeto de un insuperado clásico de la historia de la alimentación, producido en el ámbito de la investigación etnográfica: Adam Mauricio: *Histoire de l'alimentation végétale depuis la préhistoire jusqu'á nos jours*, París: Payot, 1932 (traducido del polaco original).

La cuestión de la identidad (social, económica, étnica, religiosa, etcétera) expresada en y por los comportamientos alimenticios en los últimos años ha sido el centro de numerosos estudios, congresos y publicaciones. Dos interesantes volúmenes de miscelánea son *Food, drink and identity. Cooking, eating and drinking in Europe since the Middle Ages*, dirigido por Peter Scholliers, Oxford-Nueva York: Berg, 2001; e *Histoire et identités alimentaires en Europe*, dirigido por Martin Bruegel y Bruno Laurioux, París: Hachette, 2002. Y aun la identidad, entendida como elemento dinámico plasmado y retomado por el fluir de la historia a través de los intercambios entre culturas diferentes, es el núcleo temático del volumen *Il mondo in cucina. Storia, identità, scambi*, dirigido por Massimo Montanari (Roma-Bari: Laterza, 2002), cuyo título pretende sugerir no ya «cómo se expresan las diferentes culturas del mundo en las cocinas», sino «cómo las cocinas, todas las cocinas, son fruto de intercambios culturales y de algún modo contienen el mundo dentro de sí». El trabajo de Louis Stouff al que nos hemos referido es *La table provençale*, Aviñón: A. Barthélemy, 1996.

Sobre el «mito de los orígenes» ha escrito páginas, como siempre fundamentales, Marc Bloch en *Apologie pour l'histoire ou métier d'historien*, dirigido por Lucien Febvre, París: Armand Colin, 1949.